VOCÊ TEM NOVAS MENSAGENS.
QUER ABRI-LAS AGORA?

Maria Goretti de Oliveira
Liliana do Espírito Santo
Viviani Moura

STATUS:

em

ORAÇÃO

Paulinas

Dados Internacionais de Catalogação na Publicação (CIP)
Angélica Ilacqua CRB-8/7057

Oliveira, Maria Goretti de
    Status : em oração / Maria Goretti de Oliveira, Liliana do Espírito Santo,
Viviani Moura. - São Paulo : Paulinas, 2025.
    184 p.

    ISBN 978-65-5808-346-7

    1. Vida cristã - Reflexões 2. Orações 3. Palavra de Deus 4. Espiritualidade
5. Fé I. Título II. Espírito Santo, Liliana do III. Moura, Viviani

25-0053   CDD 242

Índice para catálogo sistemático:
1. Vida cristã – Reflexões e orações

1ª edição – 2025

Citações bíblicas: A Bíblia. São Paulo: Paulinas, 2023.

Direção-geral:	*Ágda França*
Editora responsável:	*Maria Goretti de Oliveira*
Copidesque:	*Ana Cecilia Mari*
Coordenação de revisão:	*Marina Mendonça*
Revisão:	*Sandra Sinzato*
Gerente de produção:	*Felício Calegaro Neto*
Projeto gráfico e capa:	*Marcela Gusmão da Silva*
Foto das autoras:	*Juliana Borga*
Diagramação:	*Telma Custódio*

Nenhuma parte desta obra poderá ser reproduzida ou transmitida por qualquer forma e/ou quaisquer meios (eletrônico ou mecânico, incluindo fotocópia e gravação) ou arquivada em qualquer sistema ou banco de dados sem permissão escrita da Editora. Direitos reservados.

Paulinas
Rua Dona Inácia Uchoa, 62
04110-020 – São Paulo – SP (Brasil)
Tel.: (11) 2125-3500
editora@paulinas.com.br
© Pia Sociedade Filhas de São Paulo – São Paulo, 2025

SUMÁRIO

APRESENTAÇÃO 9
FRATERNIDADE 10
ESPERANÇA 11
SEGUIR EM FRENTE 12
CUIDADO DA CASA COMUM 13
AME-SE!... 14
VIVER PARA DEUS 15
ACEITAR AS PERDAS.. 16
LAPIDAR AS RELAÇÕES 17
RESPEITO.. 18
ENFRENTAR.. 19
O AMOR SALVA 20
DISCERNIMENTO 21
PAUSAS 22
ALEGRIA 23
MUDANÇA 24
MILAGRES.. 25
CONFISSÃO... 26
HOSPITALIDADE 27
ABUNDÂNCIA... 28
O QUE É INEGOCIÁVEL? 29
PLANEJAMENTO 30
HUMILDADE 31
O DOM DE CONTAR HISTÓRIAS 32
FAZER O BEM... 33
LÂMPADAS ACESAS.. 34
DAR PEQUENOS PASSOS 35
AMOR 36
CARREIRA 37
SUSTENTABILIDADE... 38
TECNOLOGIA 39
AMIZADE 40
ORAÇÃO QUE CONFORTA 41
COMUNICAÇÃO 42
SILÊNCIO.. 43
TEMPO... 44
RECOMEÇAR.. 45
ORIGEM 46
AUTORRETRATO 47
DECISÃO 48

BOAS PALAVRAS..49
LEITURA..50
COMPAIXÃO..51
MISSÃO...52
ALEGRIA..53
ACOLHER-SE..54
CRISE..55
"ISTO É O MEU CORPO".....................................56
EXPERIÊNCIAS..57
HUMILDADE...58
SEMENTE...59
CRUZ..60
O BEM MAIOR...61
MEDO..62
CHAMADO..63
DIFERENCIAL..64
CORAGEM..65
ENTREGA...66
CONFIANÇA..67
GRÃO DE MOSTARDA..68
TEMPESTADES..69
PORTA ESTREITA...70
VOCÊ NÃO É TODO MUNDO!..................................71
TENTE DE NOVO!...72
E SE...73
ELE ESTÁ NO MEIO DE NÓS!..................................74
O PODER DA PALAVRA...75
JESUS DISSE: "MARIA"...76
ELE CONHECE CADA UM DE NÓS............................77
PERMITAMO-NOS SENTIR......................................78
PERDÃO...79
A ARTE DE VIVER...80
ISSO É AMOR..81
CAMINHO DE SANTIFICAÇÃO.................................82
TRAVESSIA...83
OS DISCÍPULOS APROXIMARAM-SE E O ACORDARAM.....84
PROJETO DE VIDA..85
GENEROSIDADE...86
NÃO PROCURE FORA O QUE ESTÁ DENTRO................87
CORAGEM..88
A BELEZA DE SER ÚNICO.....................................89
MARIA PARTIU SEM DEMORA.................................90
CONFIE..91
SOCIALIZAR..92
PILOTO AUTOMÁTICO..93
A MUDANÇA COMEÇA DE DENTRO..........................94

SER 95
CICATRIZ 96
OLHAR 97
DISCERNINDO AS VOZES 98
SEM FILTROS 99
BUSCADORES DA FONTE VIVA 100
O QUE PRECISAMOS DEIXAR PARA TRÁS? 101
REZE COM O CORAÇÃO 102
SEJA LUZ 103
CONSTRUA SEU NOME 104
CADA SER HUMANO É UM MUNDO 105
ELE SEMPRE NOS ESPERA 106
TENHO TUDO E NÃO TENHO NADA 107
AO INFINITO E ALÉM 108
MOTIVAÇÕES 109
AFINANDO A VIDA 110
CINCO SEGUNDOS DE CORAGEM 111
QUANDO O ESPÍRITO DE DEUS SE MOVE EM NÓS 112
ENSINE ALGUÉM 113
VALORIZAR OS MESTRES 114
FALAR SOBRE O OUTRO 115
ASSUMIR A RESPONSABILIDADE 116
AGIR APESAR DO MEDO 117
A BELEZA DA CRIAÇÃO 118
CORAÇÃO MISERICORDIOSO 119
LÁGRIMAS 120
COLHER E SEMEAR 121
DOAR A VIDA 122
SEM FILTRO 123
QUEM CAMINHA COMIGO RUMO À ESTRELA? 124
ESPERANÇA ATIVA 125
VESTÍGIOS DA MORTE NA RESSURREIÇÃO 126
RAÍZES PROFUNDAS 127
AMADURECIMENTO 128
VOCÊ FOI CHAMADO 129
QUE TAL UM SORRISO? 130
FAMÍLIA, O ALICERCE SEGURO 131
FILTRE SUAS AMIZADES! 132
TENHA JESUS COMO AMIGO 133
DEUS O AMA MUITO! 134
INSPIRE E EXPIRE! 135
OLHE PARA A CRUZ! 136
REFLEXO DO INTERIOR 137
CUIDE DAS SUAS RAÍZES 138
"BORA" FAZER UM *DETOX* DIGITAL? 139
CUIDADO, FRÁGIL! 140

VISITE SEU ARMÁRIO! 141
A TI TAMBÉM! 142
ATENÇÃO! 143
SEJA UM MISSIONÁRIO DIGITAL 144
SER SIMPLES 145
TEMPERO DE MÃE 146
ABRACE MUITO! 147
ADEUS, PROCRASTINAÇÃO! 148
BUSQUE O SILÊNCIO 149
VAMOS RECICLAR? 150
TEMPO, VÁ DEVAGAR! 151
FRUTOS DO ESPÍRITO SANTO 152
ESCUTAR COM O CORAÇÃO! 153
SABOREIE A VIDA! 154
AME MAIS! 155
AS REDES SOCIAIS DEFINEM VOCÊ? 156
OUÇA O SILÊNCIO! 157
REVEJA A FORMA DE FALAR! 158
PERDÃO É LIBERTAÇÃO 159
PEÇA AJUDA! 160
CONVIVÊNCIA FAMILIAR 161
DIGA NÃO AO CAOS! 162
FRACASSO NÃO É TÃO RUIM! 163
NÃO DEIXE PARA DEPOIS! 164
LEVANTE DO SOFÁ! 165
SUA IDENTIDADE EM CRISTO! 166
VIDA DE CABEÇA PARA BAIXO 167
AME SEM MODERAÇÃO 168
O SEGREDO É O EQUILÍBRIO 169
SEJA LUZ! 170
PROFISSÃO *VERSUS* VOCAÇÃO 171
VAZIO PREENCHIDO 172
ANTES DE FALAR, PENSE! 173
DEUS FALA COM VOCÊ! 174
CONEXÃO DE GERAÇÕES 175
DESACELERE! 176
ESPALHE TERNURA 177
CUMPRA COM SUA PALAVRA 178
O MELHOR ESTÁ POR VIR 179
PRATIQUE A HUMILDADE 180
COMO VIVER O HOJE? 181
DOE SEU TEMPO! 182
SANTOS DE CALÇA JEANS, TÊNIS E MOLETOM 183

APRESENTAÇÃO

Este livro deseja ser para você, amigo leitor, um companheiro de caminhada. Ao trazer-lhe temas do cotidiano, irá ajudá-lo a refletir sobre os acontecimentos da sua vida à luz da fé, permitindo que perceba a presença de Deus no seu dia a dia.

Você poderá optar pelo tema que está mais em sintonia com o seu dia ou com o momento que está vivendo. Os temas abordam experiências como: amizade, oração, comunicação, silêncio, compaixão, medo, confiança, amor, escolhas, desafios, seguir em frente, perdão, travessia, humildade, santidade, convivência familiar... O propósito é auxiliá-lo a compreender e refletir sobre suas escolhas e ações sob um novo olhar.

A cada tema, você será desafiado a realizar uma ação concreta que transformará e dará sentido a seu dia. Assim, perceberá que, ao se conectar com o próximo por meio de pequenos gestos de acolhida e solidariedade, estará fazendo uma diferença significativa em sua jornada.

Leve este livro consigo para o trabalho, a escola, a faculdade, viagens ou momentos de oração pessoal. Desse modo, poderá vivenciar as experiências descritas nestas páginas com sensibilidade e delicadeza. Afinal, é nas coisas simples e pequenas que Deus se revela. Um coração aberto e livre, como o seu, será capaz de perceber os sinais da manifestação de sua *palavra* e *presença*.

Não caminhe sozinho, mas sim permita-se ser acompanhado pela ternura de Jesus Cristo, presente nestas páginas.

Esse é o nosso desejo como Filhas de São Paulo, cujo carisma é viver e anunciar o Evangelho na cultura da comunicação.

Com muito carinho,

As Autoras

STATUS: EM ORAÇÃO
FRATERNIDADE

Todos vós sois irmãos.
Mt 23,8

Reflexão do dia

Desde os primórdios, a fraternidade foi ameaçada, como podemos perceber nas narrativas de Caim e Abel, de José do Egito, de Esaú e Jacó. Essas narrativas nos mostram que a fraternidade não é algo que recebemos prontamente, mas sim algo que precisa ser construído e exige esforço. Tornar-se irmão ou irmã é uma das experiências mais bonitas que podemos fazer, não apenas com as pessoas com quem temos vínculos consanguíneos, mas também com aquelas que convivem conosco e com os irmãos e as irmãs que encontramos ao longo da vida. O Papa Francisco, na Encíclica *Fratelli Tutti*, convida todos a abraçarem a fraternidade e a amizade social. Para isso, precisamos ampliar o nosso olhar para as diversas áreas da sociedade, a fim de nos tornarmos canais de ajuda, apoio e solidariedade aos que mais precisam.

Ninguém pode enfrentar a vida isoladamente.
Fratelli Tutti, n. 8.

Desafio do dia:
Ajude uma pessoa.

Escreva aqui sua oração:

_____
_____
_____

A esperança não decepciona.
Rm 5,5

STATUS: EM ORAÇÃO
ESPERANÇA

Somente a esperança nos torna verdadeiramente cristãos.
Santo Agostinho

Reflexão do dia

A esperança ancorada na fé não nos deixa desanimar perante os desafios e dificuldades que enfrentamos. Ela é uma promessa que nos ajuda a olhar adiante, na confiança de que algo novo e melhor irá surgir.

Muitas vezes, caminhamos sem conseguir enxergar a estrada à frente, mas, guiados pela esperança, vamos dando passos mais seguros, pois sabemos que não iremos decepcionar-nos. E, assim, somos sustentados, sabendo que possuímos uma esperança maior, fundamentada em Cristo, que venceu a morte e ressuscitou. A esperança é um dom que vem de Deus e que nos impele a olhar para o nosso presente e futuro sem medo, pois todo mal será vencido. Com Cristo, teremos uma vida nova na plenitude dos tempos.

Desafio do dia:
Exercite a esperança nas esperas.

Escreva aqui sua oração:

STATUS: EM ORAÇÃO
SEGUIR EM FRENTE

Esqueço do que fica para trás, avanço para o que está à frente.
Fl 3,13

Reflexão do dia

Certas experiências difíceis e marcantes podem nos paralisar, se permanecermos presos a elas. Olhar para trás ajuda a colher o aprendizado, mas é importante seguir em frente. Todos nós temos um "mar Vermelho" que precisamos atravessar, um medo a ser superado, ou um trauma que condiciona as nossas ações e decisões e precisa ser reconhecido, acolhido e curado. Contudo, precisamos dar passos que nos levem a superar os bloqueios causados por essas experiências. Para isso, podemos contar com a ajuda de familiares, de amigos ou de profissionais. A oração também é bastante eficaz nesse processo de assimilação e cura de feridas, pois a Palavra de Deus tem força de salvação.

Na vida espiritual, quem não avança retrocede.

Padre Pio.

Desafio do dia:

Encoraje alguém a dar um passo à frente.

Escreva aqui sua oração:

O Senhor Deus tomou o ser humano e o colocou no jardim do Éden para o trabalhar e o guardar.
Gn 2,15

STATUS: EM ORAÇÃO
CUIDADO DA CASA COMUM

Reflexão do dia

A criação nos foi dada para que cuidemos dela. Ela não é algo à parte, feito para o nosso desfrute, mas está integrada à nossa vida. Fazemos parte da criação, pois somos também criaturas. Cuidar da Casa Comum e preservar os recursos naturais é um imperativo para a nossa saúde, para o nosso bem-estar e para a qualidade de vida das gerações atuais e futuras. É uma forma de proteger a vida humana.

O futuro do planeta necessita que passemos de um olhar indiferente a um olhar de empatia. Todos nós precisamos fazer a nossa parte, pois estamos na iminência de um aquecimento do sistema climático; além disso, o descaso com o meio ambiente está acarretando em má qualidade da água e perda da biodiversidade. Para que isso seja evitado, é necessário que ocorram mudanças em nosso estilo de vida, de produção e de consumo. Isso é urgente!

Tudo está interligado.
Laudato Si', n. 91.

Desafio do dia:

Separe o lixo reciclável e economize água.

Escreva aqui sua oração:

STATUS: EM ORAÇÃO
AME-SE!

Amarás teu próximo como a ti mesmo.
Mt 22,39

Reflexão do dia

Temos a tendência de não dar atenção à última frase deste mandamento: "Amarás teu próximo como a ti mesmo". Para amar o próximo, precisamos amar a nós mesmos, cultivar valores, cuidar da nossa saúde física e mental, das nossas relações, da nossa espiritualidade, do ambiente em que vivemos, das escolhas que fazemos; isso não é egoísmo, ao contrário, é algo que nos dará condições e disposição para amar e servir ao próximo de forma concreta e com maior entrega. O amor a Deus é manifesto pelo cuidado e amor ao próximo e a nós mesmos. A cada dia, podemos crescer um pouquinho mais nessa experiência de amor que nasce em Deus e se expande para alcançar os que necessitam ser acolhidos; também nos ensina a amar-nos e a nos aceitarmos como somos.

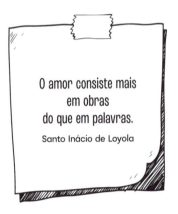

O amor consiste mais em obras do que em palavras.

Santo Inácio de Loyola

Desafio do dia:

Realize um gesto de cuidado consigo mesmo.

Escreva aqui sua oração:

Se alguém quiser me seguir, renuncie a si mesmo, tome a sua cruz, e siga-me.
Mt 16,24

STATUS: EM ORAÇÃO
VIVER PARA DEUS

Reflexão do dia

Viver para Deus é o chamado mais profundo que podemos experimentar. É fazer a experiência de nos sentirmos amados de forma incondicional e gratuita, sendo acompanhados e guiados em cada passo do caminho. É uma escolha de todos os dias, que exige renúncias e sacrifícios, mas que traz profunda alegria: é a alegria de quem encontrou o verdadeiro tesouro e sabe que nunca irá perdê-lo, como afirma São Paulo: "Para mim, viver é Cristo".

A presença de Deus é sentida de muitas maneiras, e nada acontece fora dos seus propósitos. Ele nos confia uma missão e nos guia em direção às pessoas com a sua Palavra e o seu Espírito.

A busca de Deus é a busca da alegria; o encontro com Deus é a própria alegria.

Santo Agostinho

Desafio do dia:

Ao apresentar as ofertas do pão e do vinho na liturgia eucarística, ofereça também a si mesmo a Deus.

Escreva aqui sua oração:

STATUS: EM ORAÇÃO
ACEITAR AS PERDAS

Esqueço do que fica para trás e avanço para o que está adiante.
Fl 3,13

Reflexão do dia

As perdas fazem parte da nossa vida, mas é sempre difícil aceitá-las. Precisamos aprender a acolhê-las serenamente, para que não acarretem um sofrimento maior. Há perdas que nos proporcionam aprendizado, amadurecimento humano, crescimento espiritual e até maior leveza na nossa caminhada. Às vezes, elas vêm involuntariamente e, em outros momentos, somos nós que precisamos tomar a decisão de deixar para trás o que não nos faz bem, o que não traz paz ao nosso espírito.

Pode parecer paradoxal, mas algumas perdas trazem ganhos. Em geral, não conseguimos dar-nos conta disso imediatamente, mas, com o passar do tempo, vamos ganhando clareza e agradecemos o ensinamento que essa experiência nos trouxe.

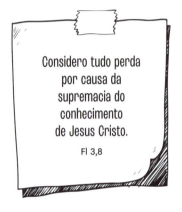

Considero tudo perda por causa da supremacia do conhecimento de Jesus Cristo.
Fl 3,8

Desafio do dia:

Partilhe com alguém de confiança uma experiência de perda.

Escreva aqui sua oração:

16

Quem é próximo ama em todo o tempo e torna-se um irmão no tempo da desgraça.
Pr 17,17

STATUS: EM ORAÇÃO
LAPIDAR AS RELAÇÕES

Na companhia de amigos, encontramos forças para alcançar nosso sublime ideal.

São Maximiliano Kolbe

Reflexão do dia

Há um momento na vida em que olhamos com mais atenção e cuidado para as relações que construímos. Se estivermos atentos, perceberemos que são poucas as pessoas que realmente estão do nosso lado nos momentos de dificuldades. Existem pessoas com as quais dividimos algumas experiências, mas que participam somente de uma parte da nossa jornada e, depois, seguem seu caminho. Poderemos recordar-nos delas com carinho e gratidão, mas muitas vezes esse relacionamento não tem continuidade. Porém, as pessoas com as quais construímos vínculos mais fortes costumam permanecer na nossa vida para além do tempo. Mesmo separados fisicamente, elas se fazem presentes na nossa vida.

Ter alguém com quem poder contar em tempos de desafio nos dá alento e esperança. Quando nos encontramos sozinhos, as coisas se tornam mais difíceis. Mas, com companhia e ajuda, sentimo-nos capazes de enfrentar os desafios e superá-los.

 Desafio do dia:

Ajude um amigo a superar um problema.

Escreva aqui sua oração:

STATUS: EM ORAÇÃO
RESPEITO

Aquele que pertence a Deus ouve o que ele diz.
Jo 8,47

Reflexão do dia

O respeito é um dos princípios básicos da convivência humana e, sem ele, as relações se enfraquecem e perdem o seu sentido e valor. Trata-se de valorizar e reconhecer o outro em sua singularidade, de dar-lhe importância e de considerá-lo. Na sociedade, o respeito está relacionado à educação e à polidez, às regras de convivência e ao cuidado para não invadir o espaço do outro.

Existem muitas formas de demonstrar respeito, como: ser delicado no trato, tomando cuidado com as palavras para não ferir as pessoas; demonstrar abertura para acolher a realidade do outro, sem julgá-lo; ter atenção cuidadosa e escuta atenta e interessada; incluir o diferente; pedir desculpas, quando percebermos que fomos ofensivos; ser solidário, prestando ajuda etc.

Na essência somos iguais, nas diferenças nos respeitamos.

Santo Agostinho

Desafio do dia:

Cresça no respeito às diferenças.

Escreva aqui sua oração:

18

Sê forte e corajoso!
Js 1,9

STATUS: EM ORAÇÃO
ENFRENTAR

Meu Jesus,
se tu me sustentares,
eu não cairei.

São Filipe Néri

Reflexão do dia

Uma vez li uma frase que dizia: "Tudo pode ser enfrentado". De certa forma, isso é verdade. Mas há situações que requerem mais preparo emocional e disposição interior. Alguns enfrentamentos também precisam valer o custo, o sacrifício. Quando nos deparamos com situações ou realidades difíceis, não podemos deixar que isso nos paralise. É preciso enfrentar as dificuldades para que possamos crescer e amadurecer. A nossa postura conta muito nessas horas e pode nos ajudar em situações adversas e mais desafiadoras. Nesse sentido, algumas pistas podem ser importantes: acreditar em si mesmo, dar um passo de cada vez, contar com a ajuda de pessoas próximas, ter fé e confiança, sair da zona de conforto, buscar recursos, aceitar os sacrifícios, não se deixar dominar pelo medo, encarar o problema e preparar-se emocionalmente.

 Desafio do dia:
Confie em si mesmo!

Escreva aqui sua oração:

STATUS: EM ORAÇÃO
O AMOR SALVA

 Segui o amor!
1Cor 14,1a

Reflexão do dia

O amor salva, e a salvação acontece em nosso cotidiano. Somos salvos amando a Deus, o próximo e a nós mesmos. A salvação não consiste em um momento único, pois Deus está cotidianamente presente na nossa vida. Suas palavras são salvação para nós; seus sacramentos também salvam. Deus se manifesta em cada realidade que vivemos.

Deus nos salva também por meio de pessoas que são colocadas em nossa vida com o propósito de nos ajudar. Essas pessoas são mensageiras e enviadas de Deus. Muitas vezes, nem percebemos que Deus veio até nós, livrando-nos, guiando-nos e protegendo-nos.

Como pessoas de fé, precisamos continuar a nossa caminhada, tendo como meta a vida plena e eterna em Deus, que nos dará a salvação completa e definitiva.

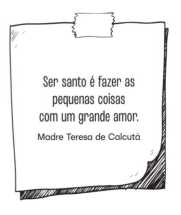

Ser santo é fazer as pequenas coisas com um grande amor.
Madre Teresa de Calcutá

 Desafio do dia:

Salve o dia de alguém com uma palavra gentil ou um gesto de ternura.

Escreva aqui sua oração:

_____
_____
_____

Dá a teu servo
um coração atento
para governar
teu povo.
1Rs 3,9

STATUS: EM ORAÇÃO
DISCERNIMENTO

Deus age e trabalha por mim em todas as coisas.

Santo Inácio de Loyola

Reflexão do dia

O discernimento nos ajuda a saber o que procurar, o que abandonar, o que escolher, tendo em vista um bem maior. Para discernir com sabedoria, é preciso expor a questão, elencar os pontos importantes a serem considerados, aprofundar a reflexão e conjecturar as consequências que essa decisão implica. Depois desse primeiro passo, feito com paciência e amor, é possível tomar uma decisão. Após isso, devemos esperar por algum tempo para que essa decisão seja confirmada, pois o que é do Espírito de Deus sempre se comprova. Assim, busquemos perceber nossos sentimentos, averiguar se sentimos paz e consolação, mesmo que seja difícil levar à frente tal decisão. Caso sintamos muita angústia e tristeza, devemos perseverar no discernimento por meio da oração, do confronto com o Evangelho e também da orientação de pessoas sábias e experientes.

Deus sempre manifesta a sua vontade, mas precisamos estar abertos para acolhê-la. O discernimento é um dom de Deus, mas que precisa da ação do Espírito.

Desafio do dia:
Tome uma decisão que vinha adiando.

Escreva aqui sua oração:

_____
_____
_____

STATUS: EM ORAÇÃO
PAUSAS

Vinde vós, a sós,
a um lugar deserto
e descansai um pouco!
Mc 6,31

Reflexão do dia

Há períodos na vida em que precisamos fazer uma pausa para organizar a mente e o coração, para olhar para dentro, buscando compreender e acolher a imensidão do que somos. É a hora em que procuramos curar os traumas, assimilar a dor, o medo, a tristeza, para depois nos levantarmos mais fortes, reconciliados com nós mesmos, de forma a abrir espaço para a novidade da vida.

A pausa é também um espaço propício para reavaliar o caminho, para aprender a lidar melhor com os desafios e os acontecimentos inesperados, para refletir sobre nossas escolhas e cuidar da saúde física e mental, evitando o esgotamento. Durante essas pausas, também podemos adquirir novos conhecimentos e explorar outras perspectivas. Em certos momentos, dar alguns passos para trás pode nos ajudar a avançar com mais coragem e convicção.

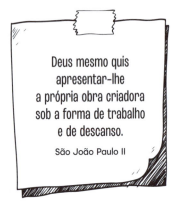

Deus mesmo quis apresentar-lhe a própria obra criadora sob a forma de trabalho e de descanso.

São João Paulo II

Desafio do dia:

Busque um lugar de repouso.

Escreva aqui sua oração:

_____
_____
_____

E vossa alegria ninguém pode tirá-la.
Lc 16,22

STATUS: EM ORAÇÃO
ALEGRIA

Deixai que o Senhor vos fale, e vereis a vossa vida encher-se de alegria.

Papa Francisco

Reflexão do dia

Sempre que lia esse versículo, tentava vislumbrar qual seria essa alegria que ninguém pode tirar de nós. Um dia, o Senhor me deu a resposta: é a alegria de quem encontrou o seu verdadeiro tesouro e sabe que não o perderá; é a alegria e a serenidade de ter encontrado o sentido da vida; é a alegria de ter a clareza de saber qual é a nossa missão na vida das pessoas e na sociedade.

Quando vivemos essa experiência, as dificuldades e os desafios continuam, mas não nos assustam mais, pois aprendemos que, ao enfrentá-los, nos fortalecemos e sabemos que nunca estamos sozinhos. Ter a certeza de que há alguém fiel, que, aconteça o que acontecer, estará conosco, traz uma alegria profunda e duradoura.

Desafio do dia:

Procure sentir a alegria existente na profundidade do seu ser.

Escreva aqui sua oração:

_____
_____
_____

STATUS: EM ORAÇÃO
MUDANÇA

Convertei-vos e crede no Evangelho.
Mc 1,15

Reflexão do dia

Algumas experiências podem nos fazer mudar profundamente, pois passamos a olhar para a vida sob uma nova perspectiva e assumimos posturas ou comportamentos que antes não tínhamos. Aprendemos a relativizar algumas coisas e procuramos dar atenção ao que realmente importa e faz sentido. A mudança traz muitos ensinamentos e descobertas e exige que deixemos para trás alguns caminhos e hábitos.

Por vezes, as mudanças podem se dar em nossos relacionamentos: algumas pessoas se afastam, enquanto outras entram em nossa vida, e vamos acolhendo a dinâmica humana. Não nos lamentamos pelas perdas, pois ganhamos novas histórias e integramos outras vivências em nosso interior. Mudanças de país, de cidade, de casa, de escola, de faculdade, de trabalho, de amizades, de escolhas, de estilo, fazem parte desse processo.

Que sejam bem-vindas as mudanças que nos tornam pessoas melhores.

Vivei em contínua conversão.

Bem-aventurado Tiago Alberione

Desafio do dia:

Comece fazendo uma pequena mudança em sua rotina.

Escreva aqui sua oração:

Enchei as talhas de água. Tirai, agora, e levai ao mestre de cerimônias.
Jo 2,7-8

STATUS: EM ORAÇÃO
MILAGRES

Não morri por um milagre do Senhor, que me destinava coisas melhores.

Santa Bakhita

Reflexão do dia

Deus pode mudar as coisas da água para o vinho! Muitas vezes, um milagre pode parecer uma coisa muito distante, mas, na verdade, é algo que acontece muito. Deus pode realizar mudanças extraordinárias e transformar situações difíceis.

Um dia, na oração, pedi a Deus que me enviasse alguém, em seu nome, para me ajudar em certa questão. Tendo feito o pedido, fiquei serena e consolada. Após uns dias, recebi uma mensagem de um amigo que mora em outro país, perguntando se poderia ligar para mim dentro de duas horas; já fazia muito tempo que não nos falávamos. Ele me ligou, perguntou como eu estava, escutou-me atentamente e me ajudou no discernimento de uma questão importante. Após o telefonema, percebi que ele tinha me auxiliado em tudo que eu havia pedido em oração, sendo *presença de Deus* naquele momento. Tive a certeza de que minha oração havia sido ouvida, e isso me fez sentir muita alegria e gratidão.

Desafio do dia:

Fique atento à ação de Deus no cotidiano.

Escreva aqui sua oração:

STATUS: EM ORAÇÃO
CONFISSÃO

Se reconhecermos nossos pecados, ele é fiel e justo para perdoar.
1Jo 1,9

Reflexão do dia

O sacramento da Confissão nos dá a possibilidade de restaurarmos a comunhão com Deus, com as pessoas e conosco mesmos. Quando expressamos as nossas dificuldades na vivência cristã, arrependemo-nos de ter pecado por pensamentos, palavras, atos, omissões, e recebemos o perdão dos pecados, passamos a sentir um profundo conforto espiritual. Isso nos prepara para recomeçar, fazendo com que tenhamos um renovado desejo de crescer na vida do Espírito e de viver em maior conformidade com a vontade de Deus.

A confissão dos pecados traz conforto para a nossa alma e muita consolação espiritual. Por meio desse sacramento, podemos expressar a culpa e o arrependimento, sendo novamente conduzidos à luz da salvação. A penitência ajuda a nos exercitarmos no caminho da santidade.

A confissão é a passagem da miséria à misericórdia.

Papa Francisco

Desafio do dia:

Procure o sacramento da Confissão.

Escreva aqui sua oração:

Solidários nas necessidades dos santos, perseguindo a hospitalidade.
Rm 12,13

STATUS: EM ORAÇÃO
HOSPITALIDADE

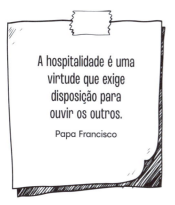

> A hospitalidade é uma virtude que exige disposição para ouvir os outros.
>
> Papa Francisco

Reflexão do dia

Quando acolhemos alguém em nossa casa, precisamos prestar atenção aos detalhes, pois eles fazem toda a diferença. Podemos começar demonstrando uma postura acolhedora, com gestos gentis, sorriso e atenção dedicada. A nossa presença genuína ajuda a fortalecer os laços de amizade, e uma recepção calorosa é algo que as pessoas não esquecem. Devemos também estar atentos às necessidades particulares dos nossos hóspedes, como alergias e intolerâncias alimentares, pois isso faz com que eles se sintam valorizados e incluídos. Nos momentos de diálogo, busquemos ouvi-los atentamente, acolhendo as histórias e os sentimentos que forem partilhados. Podemos oferecer-lhes apoio e encorajamento, se for necessário. Ao final da visita, devemos agradecer as pessoas pela presença e expressar o desejo de vê-las novamente.

 Desafio do dia:

Hospedar é também acolher o outro em sua casa interior. Ofereça esse espaço de acolhida.

Escreva aqui sua oração:

_____
_____
_____

STATUS: EM ORAÇÃO
ABUNDÂNCIA

Minha taça está transbordante.
Sl 23,5

Reflexão do dia

O Salmo 23 expressa a confiança que o salmista tem em Deus, que o protege, o conforta e o unge. Nada lhe falta! Ele reconhece a presença e os sinais da bondade de Deus e diz: "Minha taça está transbordante". Reconhecer os cuidados e a ação de Deus em nossa vida nos torna pessoas gratas, capazes de ser também presença e sinal da bondade e misericórdia do Senhor na vida de outras pessoas. Deus é generoso e deseja que tenhamos uma vida abundante, mas não no acúmulo de coisas, e sim na partilha dos bens que não passam: a fé, o amor, a oração e a disposição para servir com alegria e gratuidade aos que precisam. Somos chamados a oferecer os bens que recebemos com a confiante certeza de que: "Deus ama a quem dá com alegria" – 2Cor 9,7.

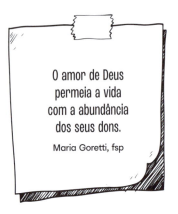

O amor de Deus permeia a vida com a abundância dos seus dons.

Maria Goretti, fsp

Desafio do dia:

Realize uma ação generosa, sem pensar em retribuição.

Escreva aqui sua oração:

Meu filho, guarda a ponderação e a prudência, não as percas de vista.
Pr 3,21

STATUS: EM ORAÇÃO
O QUE É INEGOCIÁVEL?

Reflexão do dia

Inegociáveis são as coisas que não colocamos em discussão, pois representam valores e princípios fundamentais para nós, como a verdade, a justiça, o respeito etc. Com o tempo, passamos a observar com mais cuidado e atenção também os nossos relacionamentos e a nossa saúde física e mental, e compreendemos que precisamos respeitar os nossos processos pessoais.

A fim de não abrir mão daquilo que tem valor para nós, precisamos estabelecer limites em diferentes âmbitos da vida, seja no trabalho, seja nos relacionamentos. Tudo o que fazemos questão de que seja respeitado deve ser expresso de modo transparente e direto, sem ambiguidades, para que a outra pessoa compreenda claramente. As necessidades e os desconfortos precisam ser manifestados de forma confiante, sem hesitação, mesmo que isso possa gerar confrontos, rejeições ou resistências.

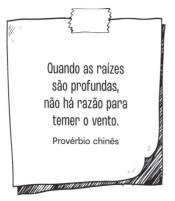

Quando as raízes são profundas, não há razão para temer o vento.

Provérbio chinês

Desafio do dia:

Demonstre desconforto quando perceber que seu limite foi ultrapassado.

Escreva aqui sua oração:

STATUS: EM ORAÇÃO
PLANEJAMENTO

Confia ao Senhor
tuas obras
e teus projetos
se estabelecerão.
Pr 16,3

Reflexão do dia

Planejamento é algo essencial na vida pessoal e profissional, pois auxilia na definição de objetivos e na criação de estratégias para atingir o que desejamos. Além disso, ajuda a analisar os cenários e a definir ações nas diferentes áreas da nossa vida. O primeiro passo a dar é ter clareza sobre aquilo que queremos alcançar, para, a partir daí, estabelecermos ações concernentes com a nossa meta. O segundo passo é realizar primeiro as metas menores, cuja execução é mais simples, passando aos poucos para as maiores e mais complexas. Devemos procurar estabelecer prazos para as nossas metas, mas, ao mesmo tempo, precisamos estar flexíveis para fazer adaptações, se for o caso.

À medida que formos alcançando nossas metas, devemos celebrá-las, mesmo que sejam apenas pequenas vitórias, pois isso ajuda a manter a motivação na superação de desafios.

Não basta fazer
coisas boas,
é preciso fazê-las bem.

Santo Agostinho

Desafio do dia:

Faça um planejamento considerando a meta que deseja atingir.

Escreva aqui sua oração:

Aprendei de mim que sou manso e humilde de coração.
Mt 11,29

STATUS: EM ORAÇÃO
HUMILDADE

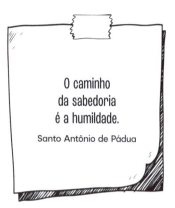

O caminho da sabedoria é a humildade.
Santo Antônio de Pádua

Reflexão do dia

A humildade é uma virtude que provém de um caminho interior de reconhecimento da nossa fragilidade, tornando o nosso coração desarmado e aberto para acolher limites e falhas de forma serena. Essa virtude supõe a superação do nosso orgulho e da nossa autossuficiência. Diante de discernimentos complexos, contribui para uma maior clareza acerca da verdade que estamos buscando. É preciso pedir ao Senhor que nos conceda a liberdade de coração, para que estejamos abertos a seu Espírito. Um coração humilde acolhe com mais serenidade e mansidão as dificuldades cotidianas e os limites humanos. Impelindo-nos a valorizar os pequenos passos, a humildade é ativa e trabalha para o nosso caminho de santidade.

Desafio do dia:

Aceite e reconheça, com humildade, uma fragilidade que você tem.

Escreva aqui sua oração:

_____
_____
_____

STATUS: EM ORAÇÃO
O DOM DE CONTAR HISTÓRIAS

 É o Senhor quem conduz a história.

Reflexão do dia

É natural ao ser humano contar histórias, pois essa é uma forma de expressão oral ou escrita que relata experiências, vivências e acontecimentos que permeiam a vida humana, contribuindo para um maior autoconhecimento e para a compreensão do sentido da existência. As histórias que contamos ou escutamos podem nos ensinar muito sobre a vida, aliviar a solidão e proporcionar a cura do nosso coração. Elas são uma forma de criar vínculos significativos e manter a unidade de um grupo de amigos, da família ou da comunidade.

As experiências compartilhadas e as histórias contadas constroem laços de amizade e solidariedade. Nós somos afetados pelas histórias que construímos juntos.

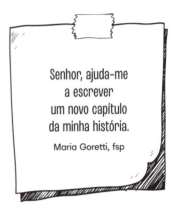

Senhor, ajuda-me a escrever um novo capítulo da minha história.

Maria Goretti, fsp

 Desafio do dia:

Ofereça o dom da sua história a alguém que você conhece.

Escreva aqui sua oração:

Não nos cansemos
de fazer o bem.
Gl 6,9

STATUS: EM ORAÇÃO
FAZER O BEM

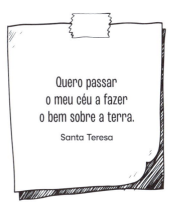

Quero passar
o meu céu a fazer
o bem sobre a terra.

Santa Teresa

Reflexão do dia

Se estivermos atentos, perceberemos que todos os dias temos a oportunidade de fazer o bem. Em geral, somos sensíveis a pequenas manifestações de atenção, afeto e consideração, pois são os pequenos gestos que nos humanizam.

O bem se manifesta na doação do que somos e do que trazemos de melhor dentro de nós. Valorizar o outro significa vê-lo e tratá-lo com educação. Quantas vezes nos sentimos invisíveis, desvalorizados ou tratados como instrumentos?

Não necessitamos de fazer alarde para demonstrar gestos de gentileza e ternura. O que precisamos é de pessoas que nos olhem com empatia, que nos deem a mão quando cairmos, que nos ergam do chão e confiem em nossa capacidade de superação.

Desafio do dia:

Aproxime-se
de um enfermo e converse
com ele.

Escreva aqui sua oração:

_____
_____
_____

STATUS: EM ORAÇÃO
LÂMPADAS ACESAS

Tende cingida a cintura e acesas as lâmpadas.
Lc 12,35

Reflexão do dia

Caminhar com as lâmpadas acesas e acender pequenas luzes na vida das pessoas é também a nossa missão de cristãos. Quantas escuridões atravessamos em nossa trajetória...; encontrar centelhas de luz nos impele a continuar a caminhada com esperança.

Jesus é a luz do mundo e, ao buscá-lo, encontramos a luz que nos guia e também nos capacita a ser luz na vida de outras pessoas. Podemos manter acesas as nossas lâmpadas ao nos nutrirmos na luz da Palavra, nos sacramentos, nas pessoas que amamos, no nosso serviço generoso e gratuito a quem necessita, na luta pelos valores que acreditamos e em nosso posicionamento diante das injustiças.

Há muitas formas de mantermos as lâmpadas acesas.

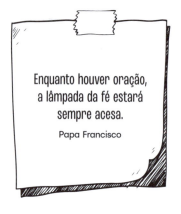

Enquanto houver oração, a lâmpada da fé estará sempre acesa.

Papa Francisco

Desafio do dia:

Ilumine o dia de alguém com um pequeno mimo.

Escreva aqui sua oração:

Tua Palavra é uma lamparina para os meus pés.
Sl 119,105

STATUS: EM ORAÇÃO
DAR PEQUENOS PASSOS

Reflexão do dia

Algumas vezes, olhamos para a estrada que temos à frente e sentimo-nos incapazes de completar o caminho. Outras vezes, precisamos superar alguns desafios, mas não encontramos coragem para enfrentá-los, porque achamos que precisamos resolver tudo de uma vez. Mas, se nos disciplinarmos a dar cada dia um passo em direção ao que desejamos alcançar, evitamos o desânimo e ganhamos motivação para seguir adiante.

Recomeçar todos os dias é um bom modo de conquistar a vitória nos objetivos que almejamos. Pode ser que alguns dias sejam mais difíceis, mas precisamos vencer as dificuldades e os desafios para, pouco a pouco, alcançar o que desejamos.

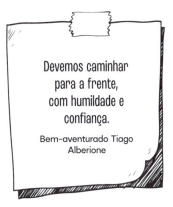

Devemos caminhar para a frente, com humildade e confiança.

Bem-aventurado Tiago Alberione

Desafio do dia:

Dê o primeiro passo diante de algo desafiante.

Escreva aqui sua oração:

STATUS: EM ORAÇÃO
AMOR

Quem não ama
não conhece a Deus,
porque Deus é amor.
1Jo 4,8

Reflexão do dia

Quais formas de amor existem? Como costumamos expressá-lo? O amor pode se manifestar e ser encontrado desde as formas mais singelas às mais sofisticadas. Ele está na acolhida, na presença, na oração, na família, na escola, no trabalho, nas pessoas que nos ajudam, no alimento preparado, na natureza, nos animais, em gestos de solidariedade, nos encontros de amigos e namorados, nos hospitais, no cuidado com as pessoas, no pedido de perdão, na mão estendida, nos projetos realizados em comum, no cotidiano, na natureza, nos poemas, nos ensinamentos que recebemos, na confiança que depositamos em alguém, no coração agradecido, nas novas chances, nas histórias que escutamos, na doação do tempo, na esperança, nos olhos que brilham, na paciência, em Deus.

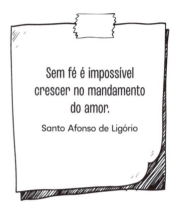

Sem fé é impossível
crescer no mandamento
do amor.

Santo Afonso de Ligório

Desafio do dia:

Encontre uma forma de expressar seu amor.

Escreva aqui sua oração:

_____
_____
_____

Exorto-vos a caminhardes segundo a vocação à qual fostes chamados.
Cf. Ef 4,1

STATUS: EM ORAÇÃO
CARREIRA

Reflexão do dia

Optar por uma carreira ou profissão é escolher uma forma de servir à sociedade e de se realizar como ser humano. A carreira escolhida precisa estar em consonância com as nossas habilidades naturais e em sintonia com nosso desejo de unir a profissão às expectativas pessoais. Ela irá dar sentido e significado à nossa vida e fará com que lhe dediquemos a maior parte do nosso tempo. Por isso, é preciso pesquisar e conversar com pessoas que exercem essa carreira, para termos ciência dos desafios e sacrifícios que implicarão essa escolha.

Temos vários dons e talentos, mas sempre há um que se destaca e que dá vida à nossa alma.

Há um chamado muito especial dentro de nós. Tentemos escutá-lo e responder a ele com disposição e alegria, pois é nele que encontramos nosso *bem maior*.

Responder ao chamado de Deus é sempre uma aventura, mas vale a pena correr o risco.

Edith Stein

Desafio do dia:

Partilhe um dom ou talento que você tem.

Escreva aqui sua oração:

_____
_____
_____

STATUS: EM ORAÇÃO
SUSTENTABILIDADE

Que a terra faça germinar relva tenra, planta produtora de semente, árvore frutífera.
Gn 1,11

Reflexão do dia

A sustentabilidade propõe o uso consciente e responsável dos recursos naturais. Para isso, faz-se necessário adotar algumas medidas a fim de que o meio ambiente seja preservado, evitando, assim, que os seus recursos se esgotem. Diante disso, o que podemos fazer para preservar a água, o solo, a vegetação, o clima, os animais e todos os seres vivos? O que cada um de nós está fazendo de concreto para evitar o agravamento de ações que afetam a nossa qualidade de vida? Há algumas medidas que podem ajudar na preservação do meio ambiente: evitar a poluição nos rios e mares; diminuir a emissão de gases poluentes; usar energia solar ou eólica; diminuir o consumo de produtos industrializados; evitar queimadas e desmatamentos; usar de modo consciente a água e a energia elétrica; separar o lixo orgânico do reciclável; usar meios de transporte alternativos, entre outras ações.

É possível desejar um planeta que assegure terra, teto e trabalho para todos.

Papa Francisco

Desafio do dia:

Diminua o consumo de produtos industrializados.

Escreva aqui sua oração:

A técnica ajuda, se, por detrás, houver um coração, uma mente, um homem, uma mulher que contribui.
Papa Francisco

STATUS: EM ORAÇÃO
TECNOLOGIA

Reflexão do dia

A tecnologia hoje faz parte da vida de milhares de pessoas em todo o mundo, contribuindo em muitas áreas. Ela exigiu de nós adaptações e mudanças e, de certo modo, modificou o nosso comportamento. Com o surgimento dos celulares, das redes sociais, dos aplicativos de mensagens e das plataformas de comunicação, a tecnologia tem desempenhado um papel importante na conexão das pessoas, independentemente da distância que as separa. As ferramentas de videoconferências, como Zoom, Skype e Google Meet, também mudaram a forma de as pessoas trabalharem, permitindo que se encontrem virtualmente de qualquer parte do mundo.

No entanto, precisamos usar a tecnologia com equilíbrio e bom senso, garantindo que ela não seja um obstáculo para a conexão humana. Caso contrário, podemos ficar horas em nossos dispositivos móveis, distanciando-nos das pessoas e das realidades que nos cercam.

A tecnologia é de grande ajuda para a humanidade.
Papa Francisco

Desafio do dia:

Utilize a tecnologia para conectar-se com pessoas queridas que estão distantes.

Escreva aqui sua oração:

_____
_____
_____

STATUS: EM ORAÇÃO
AMIZADE

Ninguém tem maior amor do que aquele que dá sua vida em favor dos amigos.
Jo 15,13

Reflexão do dia

A amizade é uma bonita forma de amor e de aliança. Nasce da afinidade entre as pessoas e cresce com a partilha das experiências, a ajuda mútua e a confiança recíproca. Na amizade verdadeira, manifestamos quem somos, sem esconder as nossas fraquezas.

Jesus nos oferece a sua amizade e deseja acompanhar-nos pela estrada da vida. Ele é presença e conforto, acolhe-nos como somos e vem ao nosso encontro nos momentos em que mais precisamos, pois é fiel e nos assegura: "Estarei convosco todos os dias até o fim dos tempos".

A amizade com Jesus e com as outras pessoas cresce com a proximidade, o diálogo, a escuta e, algumas vezes, até em meio a conflitos, criando vínculos duradouros que nos ajudam a vencer as dificuldades e nos trazem esperança e alegria.

A oração é um trato de amizade com Deus.

Teresa D'Ávila

Desafio do dia:

Cultive a amizade.

Escreva aqui sua oração:

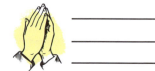

Constantemente orai.
1Ts 5,17

STATUS: EM ORAÇÃO
ORAÇÃO QUE CONFORTA

> O melhor conforto é o que vem da oração.
>
> São Pio de Pietrelcina

Reflexão do dia

O apóstolo São Paulo nos convida a rezar continuamente. Será isso possível? Como viver uma vida de oração em nosso cotidiano repleto de atividades, estresse, desafios e diferentes realidades com as quais temos que lidar?

Precisamos iniciar o dia pedindo a graça de vivê-lo na presença do Senhor, como nos ensina Santo Inácio: "buscar Deus em todas as coisas". Deus sempre está conosco e nos acompanha. Mas necessitamos afinar os sentidos para perceber os sinais da sua presença, ação e providência. Muitas vezes, ele está presente nas sutilezas, nas belezas que nos cercam, nos pequenos atos e gestos de amor/serviço, nos acontecimentos e nas realidades que nos cercam.

A oração é o ato de perceber a presença de Deus e entrar em comunhão com ele, tornando-se também uma manifestação de Deus na vida das pessoas.

Desafio do dia:

Faça orações de intercessão por uma pessoa necessitada.

Escreva aqui sua oração:

_____
_____
_____

STATUS: EM ORAÇÃO
COMUNICAÇÃO

Deus, nestes dias, que são os últimos, falou-nos pelo Filho.
Cf. Hb 1,1-2

Reflexão do dia

Deus é o primeiro a tomar a iniciativa da comunicação, vindo até nós, inserindo-se em nossa realidade e encarnando-se para nos salvar.

A comunicação é o nosso caminho de salvação, pois ela aproxima as pessoas, cria pontes e derruba barreiras. Somos seres de relação, por isso o diálogo é fundamental para o crescimento, aprimoramento humano, autoconhecimento e desenvolvimento das nossas potencialidades.

Percebemos que, com algumas pessoas, o diálogo flui naturalmente, enquanto com outras pode ser mais custoso. Contudo, o diálogo é sempre o caminho para o entendimento, para a construção, para o fortalecimento de amizades e para o crescimento profissional.

Dialogar supõe respeito, abertura e humildade para escutar e acolher pensamentos diferentes, que nos podem enriquecer e ajudar a olhar a vida sob outros prismas.

Deus, no seu imenso amor, fala aos homens como a amigos.
Cf. *Dei Verbum*, n. 2

Desafio do dia:

Reconecte-se com alguém.

Escreva aqui sua oração:

Sua mãe guardava tudo isso em seu coração.
Lc 2,51

STATUS: EM ORAÇÃO
SILÊNCIO

Selecione na playlist a música: *Silêncio*.
Frei Luiz Turra.
Paulinas/COMEP.

Reflexão do dia

Num mundo barulhento e agitado, fazer silêncio pode se tornar um desafio enorme. São tantas as vozes que escutamos, porque todos querem falar e serem ouvidos. Mas, para que precisamos do silêncio? E como podemos aprendê-lo? Precisamos do silêncio para nos conectarmos com nós mesmos, com o outro, com Deus e com a natureza.

O silêncio nos ajuda a extrair a nossa essência, a discernir situações e realidades complexas, a conhecer-nos por dentro e a ter sabedoria diante de dificuldades.

À semelhança do silêncio de Maria, que soube guardar os mistérios de Deus em seu coração, precisamos aprender a cultivar o silêncio diante do mistério de Deus e do mistério do outro.

Eis alguns "silêncios" que nos ajudam a crescer: o silêncio para esperar o agir de Deus na história; o silêncio da confiança e da entrega; o silêncio para ler os sinais e interpretá-los; o silêncio para acolher os nossos limites e as nossas fragilidades, com compaixão.

 Desafio do dia:

Viva o silêncio como espaço de revelação.

Escreva aqui sua oração:

_____
_____
_____

STATUS: EM ORAÇÃO
TEMPO

 Para tudo há uma época, e um tempo para todo propósito sob os céus.
Ecl 3,1

Reflexão do dia

O tempo é precioso, pois, de alguma forma, sinaliza nossa vida e nossas escolhas. É dentro do tempo cronológico que realizamos experiências, somamos vivências, aprendizados, recomeços e mudanças. Ele pode nos ajudar a organizar nossas prioridades, a ter encontros significativos e valorosos, a amadurecer sentimentos e a nos aprimorarmos em algum talento ou profissão. Mas precisamos também aprender a deixar que ele transcorra, sem precisar preenchê-lo por completo, pois é nas brechas do tempo que a vida flui com liberdade. Para os muito preocupados, Eclesiastes diz que "há tempo para tudo".

Medimos o tempo, mas a nossa vida é um contínuo, enquanto o tempo para Deus é eterno. A eternidade do tempo já começa aqui e alcança sua plenitude em Deus. O tempo é um só, mas há realidades finitas e infinitas; estas não passam nem com o tempo.

Tudo passa,
Deus não muda.

Santa Teresa D'Ávila.

 **Desafio do dia:**

Dedique algum tempo do seu dia a alguém.

Escreva aqui sua oração:

_____
_____
_____

As coisas antigas já passaram; eis que surgiram coisas novas.
2Cor 5,17

STATUS: EM ORAÇÃO
RECOMEÇAR

Nunca é tarde demais. A vida, de fato, recomeça sempre.

Francesco Cosentino

Reflexão do dia

Recomeçar é um verbo muito dinâmico. Todos os dias, quando acordamos, desponta uma nova chance de recomeçarmos. Cada dia é uma dádiva e pode ser o início de uma etapa transformadora. Não precisamos esperar um novo ano se iniciar para fazer uma mudança, para recomeçar, pois cada dia é um presente e pode ser o palco da virada de um novo ciclo.

Em geral, sentimos quando precisamos recomeçar, mas é preciso uma firme decisão para dar o primeiro passo. O recomeço traz sempre uma esperança, pois nos dá novas chances e oportunidades de renascimento. A possibilidade de construirmos e fazermos coisas novas também pode nos levar a mudanças de posturas ou hábitos.

Sejamos gratos pelos recomeços. Eles vêm a partir de ensinamentos e nos abrem para uma nova realidade.

 Desafio do dia:

Recomece algo que você deixou para trás. Tente de novo!

Escreva aqui sua oração:

_____
_____
_____

STATUS: EM ORAÇÃO
ORIGEM

E Deus criou o ser humano à sua imagem, à imagem de Deus o criou.
Gn 1,27

Reflexão do dia

A nossa origem é o ponto de partida da construção da nossa identidade, pois nela estão fincadas as nossas raízes, a nossa história de vida, a forma como fomos criados, a cultura que assimilamos e a educação e os valores que carregamos ao longo da vida. É de lá que viemos. Muitos brasileiros moram longe do lugar em que nasceram. No entanto, nosso lugar de origem será sempre uma referência para a nossa vida. Guardamos muitas lembranças e memórias que definem quem somos: a nossa cidade, a casa em que crescemos, os nossos avós, pais, irmãos, primos... os amigos da infância, os costumes que aprendemos, as coisas que escutamos, os sentimentos compartilhados, o alimento partilhado... Tudo nos remete às nossas origens.

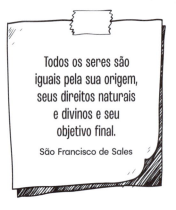

Todos os seres são iguais pela sua origem, seus direitos naturais e divinos e seu objetivo final.

São Francisco de Sales

Desafio do dia:

Converse com a sua família sobre as suas origens.

Escreva aqui sua oração:

Façamos o ser humano à nossa imagem, conforme nossa semelhança!
Gn 1,26

STATUS: EM ORAÇÃO
AUTORRETRATO

Reflexão do dia

Todos nascemos originais, mas muitos morrem fotocópias.

Carlo Acutis

Como nos descreveríamos? Como apresentaríamos aos nossos amigos o nosso autorretrato? As nossas características físicas, o nosso temperamento, as nossas aspirações, os nossos propósitos, os nossos talentos...
Com o que nos identificamos? O que faz o nosso coração bater mais forte? Como expressamos a nós mesmos?
O autorretrato é a representação de nós mesmos. Será que nos conhecemos o suficiente? Não se trata de como quero ser visto, mas do que sou de verdade, do que me constitui como ser humano. O autoconhecimento faz parte de um processo longo e demorado que perdura por toda a nossa vida.
Somos criados e chamados a ser semelhantes a Deus, a viver em direção à santidade, assim como ele é santo.

Desafio do dia:
Escreva as suas características principais.

Escreva aqui sua oração:

_____
_____
_____

STATUS: EM ORAÇÃO
DECISÃO

Jesus decidiu firmemente ir para Jerusalém.
Lc 9,51

Reflexão do dia

Todos os dias tomamos decisões, sejam elas pequenas ou grandes, e estas implicam escolhas que consistem em sempre deixar algo para trás. Por isso, torna-se difícil quando precisamos escolher entre coisas boas, pois algo de valor será deixado de lado em prol de algo que consideramos melhor.

Escolhas trazem consequências para a nossa vida e para a vida das pessoas ao nosso redor, por isso elas precisam ser refletidas e discernidas. Jesus rezava antes de tomar decisões, fossem elas pessoais ou relacionadas à missão que o Pai lhe confiou. Ele buscava sempre estar em comunhão com Deus para que as suas escolhas fossem acertadas e estivessem de acordo com o seu projeto de salvação. O ato de decidir revela também a liberdade humana, refletindo a essência de ser uma pessoa capaz de fazer escolhas e manifestando a expressão máxima de sua dignidade.

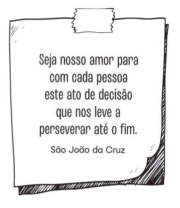

Seja nosso amor para com cada pessoa este ato de decisão que nos leve a perseverar até o fim.

São João da Cruz

Desafio do dia:

Busque orientação para tomar uma decisão importante.

Escreva aqui sua oração:

As palavras amáveis são como um favo de mel.
Pr 16,24

STATUS: EM ORAÇÃO
BOAS PALAVRAS

As palavras de Jesus incutem sempre esperança.
Papa Francisco

Reflexão do dia

Quem és tu, palavra? Que revelas e desvelas. Que carregas em ti o poder de destruir e de construir. Que conténs a força da vida, mas também podes causar a morte. Podes atrair amigos ou afastá-los. Gerar fraternidade ou levantar a bandeira da guerra. Podes gritar ou calar. O que dizes quando ficas em silêncio? Onde costumas lançar tuas sementes? És palavra divina quando fortaleces os fracos; és palavra de salvação quando libertas.

A palavra tem força, por isso precisamos usá-la de forma consciente e responsável. Uma palavra amável pode mudar o dia de alguém, trazendo vida, esperança e consolo; por outro lado, uma palavra pronunciada irrefletidamente pode provocar dor e tristeza. Peçamos a Deus a sabedoria de usar a palavra para o bem.

Desafio do dia:
Encoraje alguém com uma palavra amável.

Escreva aqui sua oração:

STATUS: EM ORAÇÃO
LEITURA

Enquanto eu não chegar, dedica-te à leitura, à exortação, ao ensinamento.
1Tm 4,13

Reflexão do dia

Quando me recordo da minha infância, percebo o quanto ter tido acesso à leitura me ajudou. Tenho muitas lembranças de ler gibis, livros e revistas. Além dos livros da escola, essas leituras simultâneas me auxiliaram a conhecer novos mundos e a ampliar meus conhecimentos, ou a tão somente me divertir, estimular a criatividade e a imaginação.

Algumas pessoas afirmam ter dificuldade para ler, pois não conseguem concentrar-se, não têm paciência. Talvez precisem conhecer a leitura "por dentro". Ler "por dentro" significa nos deixarmos tocar pela leitura, permitir que ela nos cause prazer, emocione-nos, fazendo-nos rir ou chorar, refletir, discordar, e até brigar com o que está escrito. O segredo talvez seja compreender que há relação entre a nossa vida e a leitura, pois, de algum modo, elas nos remetem a coisas preciosas de nossa jornada.

Muitas pessoas mudaram sua vida através da leitura. Foram transformadas!

Selecione na playlist a música: *Aquarela*. Toquinho.

Desafio do dia:

Adquira um livro para ler este mês ou escolha um dos livros da Bíblia e o leia inteiro.

Escreva aqui sua oração:

Jesus, tem misericórdia de mim!
Mc 10,47

STATUS: EM ORAÇÃO
COMPAIXÃO

Selecione na playlist a música: *Tende piedade de nós.* José Acácio Santana. Paulinas/COMEP.

Reflexão do dia

Senhor Jesus, ensina-nos o amor-compaixão. Dá--nos um coração capaz de sentir com o outro, de sentir a dor do outro, e com ele comungar a esperança da salvação. Dá-nos um coração que jorre a água que purifica, a água da vida batismal. Dá-nos um coração que jorre o sangue doado de uma vida eucarística e entregue, na oferta viva dos nossos dias. Dá-nos um coração aberto à acolhida do dom, reconhecido e grato. Dá-nos um coração de carne, sensível e humano, que, mesmo sendo frágil, fortalece-se na força da tua Palavra redentora e do teu Espírito santificador.

 Desafio do dia:

Seja compassivo com os defeitos das pessoas com quem você convive.

Escreva aqui sua oração:

_____
_____
_____

STATUS: EM ORAÇÃO
MISSÃO

Endireitai o caminho do Senhor!
Jo 1,23

Reflexão do dia

João Batista tinha muita clareza e consciência de sua identidade e missão: "Ser uma voz que grita no deserto" e aquele que batiza com água, preparando o caminho para aquele que batiza com o Espírito.

Quando temos clareza e consciência da nossa identidade, de quem somos, a quem pertencemos, não importa o que digam ou pensem de nós, pois seguimos com confiança mesmo nas dificuldades. Crescemos compreendendo que a missão não é somente o que fazemos, mas sobretudo o que somos.

Desse modo, a missão é realizada com base na forma como acolhemos as pessoas: pela escuta atenta, pelo olhar compassivo, pelas mãos estendidas, quando vamos ao encontro da necessidade do outro, e pela presença que conforta.

O estado da missão é um estado de amor.

São Vicente de Paulo

Desafio do dia:

Realize algo em prol de um irmão ou uma irmã.

Escreva aqui sua oração:

_____
_____
_____

Alegrai-vos sempre no Senhor!
Fl 4,4

STATUS: EM ORAÇÃO
ALEGRIA

> A busca de Deus é a busca da alegria.
>
> Santo Agostinho

Reflexão do dia

Deus nos chama a uma alegria que dura para sempre. Mas só ele pode nos dar a verdadeira alegria. Porém, experimentamos, em alguns momentos, sentimentos de tristeza e descontentamento. Em geral, o que fazemos quando nos sentimos tristes? Buscamos algo que nos traga alegria. Mas onde encontrar essa alegria? Existem muitos lugares, presenças e experiências que são fonte de alegria. A oração, como diálogo pessoal com Deus, é uma delas; o encontro com pessoas queridas; a contemplação da natureza; atividades que nos dão prazer; lugares que nos trazem bem-estar; a prática do amor generoso e desinteressado; ir ao encontro do outro por meio de pequenos gestos de atenção e cuidado.

Desafio do dia:

Alegre alguém com algum gesto inesperado.

Escreva aqui sua oração:

STATUS: EM ORAÇÃO
ACOLHER-SE

Quem recebe vocês recebe a mim; e quem me recebe, recebe aquele que me enviou.
Mt 10,40

Reflexão do dia

Uma das necessidades mais básicas do ser humano é a de sentir-se acolhido. Temos também necessidades físicas que nos caracterizam como seres biológicos; estas são mais fáceis de serem aceitas. Porém, as necessidades afetivas, emocionais e psicológicas muitas vezes são sufocadas ou desprezadas. A nossa sociedade, por vezes, nos pressiona a ser super-humanos, a vivermos desconectados do nosso ser e a sermos indiferentes às nossas necessidades.

Temos dificuldades em compreender e acolher nossas emoções e, ao reprimi-las, adoecemos. Resistimos a buscar ajuda, quando nos deparamos com nossas fragilidades emocionais, pois aprendemos a acreditar que uma pessoa madura não precisa de apoio, afeto, atenção... Entretanto, abrir mão de algo tão humano pode nos tornar pessoas endurecidas.

O sorriso é o começo do amor.

Teresa de Calcutá

Desafio do dia:

Escreva um poema sobre a alegria.

Escreva aqui sua oração:

_____
_____
_____

E, Jesus, passando pelo meio deles, continuou o seu caminho.
Lc 4,30

STATUS: EM ORAÇÃO
CRISE

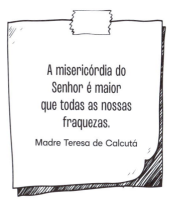

A misericórdia do Senhor é maior que todas as nossas fraquezas.

Madre Teresa de Calcutá

Reflexão do dia

A crise constitui uma graça concedida para que amadureçamos na liberdade e em nossa própria verdade. É um período difícil, de parada, de mal-estar, de busca sofrida, mas que é importante para nos purificar. Não devemos ignorar a crise, mas sim integrá-la. Ela traz a certeza da novidade que vem e pode ser a ocasião para darmos um salto qualitativo e de crescimento.

Um momento de crise pode nos ajudar a alcançar maior maturidade, a crescer na fé, a um maior desprendimento, a uma oferta mais consciente e mais viva. Também pode auxiliar-nos na superação de limites e bloqueios, na cura de feridas, no aprendizado da compaixão e em processos de autolibertação. Mas, para que a crise nos traga frutos, precisamos estar dispostos a viver os processos e a atravessar os desafios, assimilando-os.

Desafio do dia:

Reflita sobre um ensinamento que a crise lhe trouxe.

Escreva aqui sua oração:

STATUS: EM ORAÇÃO
"ISTO É O MEU CORPO"

Tomai! Isto é meu corpo.
Mc 14,22

Reflexão do dia

"Dai-lhes vós mesmos de comer" não significa tão somente dar comida ou coisas, mas dar a si mesmo, tornar-se pão, alimento que dá a vida por meio do *ser-corpo*, com palavras, gestos, ações ou atos de serviço. É toda a vida de Jesus que é *entregue* neste ato: sua história, suas relações, seus valores e sonhos, sua intimidade com o Pai, o projeto do Reino, sua humanidade e divindade.

Jesus oferece-se a si mesmo em sua vida partilhada todos os dias e nos convida a uma partilha mais concreta e real, feita não só com palavras, mas com gestos e atitudes.

A grande lição de Jesus é esta: Entrega-te. Entrega-te. Torna-te alimento; faz-te pão.

José Tolentino de Mendonça

Desafio do dia:

Partilhe algo concreto com alguém próximo.

Escreva aqui sua oração:

_____
_____
_____

"As experiências mais significativas que trazemos fazem parte do nosso "depósito de fé"."
Maria Goretti, fsp

STATUS: EM ORAÇÃO
EXPERIÊNCIAS

Reflexão do dia

Há quem diga que as experiências mais importantes da vida nos modificam, pois elas nos permitem crescer interiormente. Essas vivências nos amadurecem e nos ajudam a ver o que é realmente essencial.

Ao longo da vida, vamos acumulando muitos bens, achando que eles podem preencher e dar sentido ao nosso ser. Mas, à medida que amadurecemos, vamos nos dando conta de que carregar muita coisa nos impossibilita de caminhar com mais leveza e, aos poucos, começamos a desapegar. O desapego é sempre difícil, pois tememos que aquilo que deixamos para trás possa nos fazer falta.

No entanto, a vida é muito generosa e sempre nos oferece novas experiências, novas conquistas e novos desafios. Não precisamos ter medo de abrir mão de algo que nos prende, porque a liberdade que sentiremos ao fazer essa escolha abrirá novas portas e fará surgir outros caminhos.

Para o cristão, a fé antecede todo o mais.
Santo Ambrósio

Desafio do dia:
Conte a alguém uma experiência que modificou você.

Escreva aqui sua oração:

_____
_____
_____

STATUS: EM ORAÇÃO
HUMILDADE

Tomai meu jugo e aprendei de mim, que sou manso e humilde de coração.
Mt 11,29

Reflexão do dia

A humildade é a virtude que consiste em conhecer nossas próprias limitações e fraquezas, agindo de acordo com essa consciência. A pessoa humilde anda desarmada, pois não precisa preocupar-se em se defender de críticas ou julgamentos. Ela tem disposição para aprender, porque não se considera sabedora de tudo. Tem capacidade para reconhecer seus erros e pedir desculpas. É alguém que agradece pelos bens que recebe e busca retribuí-los. Além disso, reúne diversas outras virtudes: sabedoria, nobreza, tolerância e generosidade.

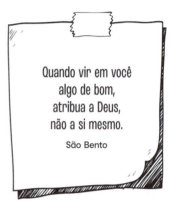

Quando vir em você algo de bom, atribua a Deus, não a si mesmo.

São Bento

Desafio do dia:

Reconheça uma atitude que ofendeu alguém e desculpe-se.

Escreva aqui sua oração:

_____
_____
_____

O semeador semeia a Palavra.
Mc 4,14

STATUS: EM ORAÇÃO
SEMENTE

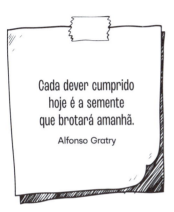

Cada dever cumprido hoje é a semente que brotará amanhã.
Alfonso Gratry

Desafio do dia:
Semeie com generosidade.

Reflexão do dia

O que está escondido na semente? Quais potencialidades existem dentro dela, que só virão à tona se ela se entregar à terra? Ao que parece, toda morte passa pelo caminho da humildade e da capacidade de acolher a aparente destruição... o fim/um novo começo? Talvez, nessa experiência, esteja o segredo da vida nova que desponta após a morte. *Eis o mistério da nossa fé.*

A semente é uma promessa. Ela está escondida, mas irá germinar e emergir do solo. Algumas sementes podem não crescer, devido à qualidade do terreno em que foram depositadas, enquanto outras darão muitos frutos. Jesus nos convida a semear a sua Palavra a fim de que ela salve os que a acolherem. Algumas pessoas ficarão indiferentes a isso, mas o chamado é para semear e deixar que as sementes realizem seu processo no tempo certo.

Escreva aqui sua oração:

STATUS: EM ORAÇÃO
CRUZ

Se alguém quiser vir atrás de mim, renuncie a si mesmo, tome a sua cruz e siga-me!
Mt 16,24

Reflexão do dia

A fé cristã é feita de cruz e páscoa. No entanto, temos a tentação de abraçar a fé, sem aceitar as consequências, a cruz. Muitas dificuldades surgem no caminho de seguimento, mas devemos assumi-las como parte do processo de amadurecimento da fé. Fé sem mudança de vida, sem cruz, sem gestos concretos, sem sacrifícios, será sempre uma tentação.

A cruz simboliza a entrega de Jesus e estará sempre presente no caminho do cristão, pois é *mistério de salvação*.

Quem compreende a páscoa não desespera.

Bonhoeffer

Desafio do dia:

Como ato de reparação pessoal, faça algo que represente um sacrifício para você.

Escreva aqui sua oração:

_____
_____
_____

Tendo encontrado uma pérola de grande valor, vendeu tudo o que possuía e a comprou.
Mt 13,45-46

STATUS: EM ORAÇÃO
O BEM MAIOR

Reflexão do dia

Passamos nossa vida em busca de um *bem maior*, ou seja, de algo/alguém que dê sentido e significado aos nossos dias. Muitas pessoas encontram esse bem maior, mas não o reconhecem. Por estarem muito preocupadas e atarefadas não percebem o dom que lhes é oferecido. E continuam procurando-o, mesmo já o tendo achado. Outras desistem da busca e tentam encontrar outros sentidos e valores para sua vida. Porém, nunca se sentem realmente preenchidas, pois algo lhes falta, e não qualquer coisa, mas aquilo que de fato dar-lhes-ia vida e sentido. O bem maior é encontrado, contudo, por aqueles que tiveram a graça de entender o seu valor. Como cristãos, deveríamos dar mais força à pérola encontrada do que à renúncia, que, diante do bem maior, passa a ser uma escolha, uma opção de vida.

Selecione na playlist a música: *Ele passou fazendo o bem*. Frei Luiz Turra. Paulinas/COMEP.

Desafio do dia:

Vá ao encontro do seu bem maior.

Escreva aqui sua oração:

STATUS: EM ORAÇÃO
MEDO

Não temas, pois eu estou contigo.
Is 41,10

Reflexão do dia

O medo é uma emoção que todos nós sentimos. Ele é benéfico quando nos protege dos perigos, mas pode ser prejudicial quando nos paralisa, bloqueia-nos ou impede-nos de correr riscos que nos poderiam levar a um crescimento maior e ao pleno desenvolvimento das nossas potencialidades.

Nesses casos, o medo precisa ser enfrentado com determinação e bravura. A coragem é importante para lidar com ele, especialmente diante de desafios que nos deixam inseguros, mas que precisamos vencer. É importante perceber e escutar o nosso mundo interior, dar nomes concretos aos medos que carregamos dentro de nós e enfrentá-los com decisão e coragem.

Jovens, não tenhais medo de ser santos.

São João Paulo II

Desafio do dia:
Enfrente um medo hoje.

Escreva aqui sua oração:

Tu me seduziste, Senhor, e eu me deixei seduzir.
Jr 20,7

STATUS: EM ORAÇÃO
CHAMADO

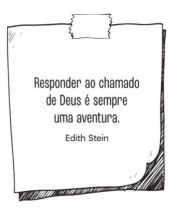

Responder ao chamado de Deus é sempre uma aventura.

Edith Stein

Reflexão do dia

É provável que o chamado de Deus para mim consista em evangelizar os que estão próximos, a poucos metros de distância. Talvez eu não tenha sido chamada a anunciar a proximidade do Reino às grandes massas, mas àqueles que o Senhor colocar em meu caminho. Evangelizar no pequeno e discreto mundo das coisas cotidianas.

São Paulo afirma que "os dons e o chamado de Deus são irrevogáveis". Deus não retira o seu chamado, mas o repete. Em alguns momentos da vida, precisamos que ele renove o seu chamado, e ele o faz. Deus nos chama de vários modos, mas muitos chamados não são sequer escutados. Em meio a tantas vozes, como escutar o chamado de Deus?

Deus nos chama a partilhar a vida com ele e a abraçar uma missão.

 Desafio do dia:

Reze pelo seu chamado e peça a Deus força para realizá-lo.

Escreva aqui sua oração:

STATUS: EM ORAÇÃO
DIFERENCIAL

 A manifestação do Espírito é dada a cada um para o bem comum.
1Cor 12,7

Reflexão do dia

Cada pessoa tem algo único para oferecer: um dom, um talento particular, um modo de ser e enxergar a vida. Sentimos as coisas de formas diferentes e as expressamos de forma singular. Nossos gestos, ações e palavras deixam marcas por onde passamos. Por isso, é preciso oferecer com generosidade o dom que recebemos. Para alguns, pode ser o dom da acolhida, da amizade, da escuta, da alegria, da gentileza. Mesmo que pareça algo pequeno, acredite, isso pode fazer diferença na vida das pessoas que encontramos.

O que temos de diferente para oferecer ao mundo? Pensemos em alguma habilidade que possuímos e que pode impactar positivamente a vida das pessoas.

Deus quer que esteja no mundo, mas que seja tão diferente do mundo até que o mude.

Madre Angélica

Desafio do dia:

Partilhe um dom.

Escreva aqui sua oração:

Sede fortes e corajosos.
Dt 31,5

STATUS: EM ORAÇÃO
CORAGEM

Muitos não se fazem santos por falta de coragem.

Santo Afonso de Ligório

Reflexão do dia

Se você já assistiu ao filme *Kiriku*, deve se lembrar do *Kiriku*, da feiticeira, do avô, das crianças teimosas e da aldeia. Essa aldeia existe dentro de nós. O personagem *Kiriku* não compreendia o porquê de a feiticeira ser má e ameaçar a todos na aldeia. Ele queria entender o motivo de ela ser má. E não se contentou com respostas evasivas, indo em busca da verdade. Mas, para isso, precisou enfrentar obstáculos. Alguns diziam: "Você é muito pequeno". Mesmo assim, ele não se intimidou, porque sabia o que queria: salvar a aldeia. E, quando se via diante dos obstáculos, transformava-os em oportunidades de ajuda.

Às vezes, na primeira dificuldade ficamos com medo e fugimos. É preciso mergulharmos em nosso interior para descobrir o que está bloqueando a nossa coragem. Então, enfrentaremos o medo.

Desafio do dia:

Ouse mais.

Escreva aqui sua oração:

_____
_____
_____

STATUS: EM ORAÇÃO
ENTREGA

Ninguém tira
a minha vida;
eu a dou
por mim mesmo.
Jo 10,18

Reflexão do dia

Durante a sua vida pública, Jesus fez um caminho de entrega ao Pai. Essa opção exigiu dele uma contínua abertura ao que Deus lhe pedia e uma permanente confiança em seu projeto. No dia a dia da sua vida em Nazaré, Jesus aprendeu a perscrutar os caminhos de Deus, a escutar a sua Palavra revelada ao povo de Israel e a viver em espírito de obediência e confiança. A sua entrega foi total e de uma vez por todas. A entrega parcial não é verdadeira entrega e nos limita. A entrega total, por sua vez, traz à luz todos os nossos recursos e a verdadeira liberdade.

Tomai, Senhor,
e recebei toda a minha
liberdade.

Santo Inácio de Loyola

Desafio do dia:

Ofereça algo que realmente lhe custe no altar do Senhor.

Escreva aqui sua oração:

_____
_____
_____

No dia em que sinto temor, eu confio em ti.
Sl 56,4

STATUS: EM ORAÇÃO
CONFIANÇA

Reflexão do dia

A confiança é construída aos poucos. Nasce das experiências partilhadas, dos dias difíceis em que somos amparados, do olhar atento e respeitoso e da acolhida da nossa fragilidade. Ela cresce e se expande como uma planta que encontra um lugar onde se pode desenvolver.

Confiar é também esperar, pois a confiança está ligada ao amor. É, de certo modo, um risco, já que envolve a liberdade do outro. Deus nos convida à confiança em sua Palavra redentora. Isso consiste em um aprendizado diário, que, aos poucos, vamos construindo com pequenos passos. A oração nos ajuda a fazer esse caminho. Não paremos!

Selecione na playlist a música: *Confiemo-nos ao Senhor*. Taizé e Berthier. Paulinas/COMEP.

Desafio do dia:
Confie. Confie. Confie.

Escreva aqui sua oração:

_____
_____
_____

STATUS: EM ORAÇÃO
GRÃO DE MOSTARDA

O Reino de Deus é como a semente de mostarda...
Cf. Lc 13,18-21

Reflexão do dia

O apelo que hoje a Palavra do Senhor nos faz é o de ser grão de mostarda, a pequena e quase imperceptível semente... Somos chamados a semear pequenas sementes todos os dias: pequenos gestos de acolhida, amor, gratidão; olhares de alegria, palavras generosas e ações que manifestem o Reino. Talvez esses gestos passem despercebidos para os distraídos, mas certamente crescerão nos corações sensíveis e abertos, germinando na terra que o grande semeador preparará.

É essencial acreditar na força do pequeno, nos sinais do Espírito que sopra onde quer, espalhando sementes na terra fecunda dos que creem em sua Palavra, sua presença e sua ação transformadora, capazes de gerar vida nova.

Selecione na playlist a música: *O grão de mostarda.*
Frei Luiz Turra.
Paulinas/COMEP.

Desafio do dia:

Plante uma semente em um pequeno vaso. Deixe-a crescer.

Escreva aqui sua oração:

Senhor, salva-nos! Estamos perecendo.
Mt 8,25

STATUS: EM ORAÇÃO
TEMPESTADES

> Não temas as tempestades da terra!
> Santa Teresa do Menino Jesus

Reflexão do dia

Durante as tempestades, quais são as âncoras permanentes que podem ajudar-nos a nos manter firmes? Elas são essenciais em nossa vida para evitar que nos percamos ou nos desviemos da rota. É importante termos amigos que possam acolher os nossos medos e as nossas tempestades, sem pedir muitas explicações ou fazer julgamentos.

Jesus é o amigo que permanece conosco nas tempestades, embora, às vezes, possamos não enxergar claramente a sua presença ou pensemos que ele não agirá. Mas ele sempre está conosco e não nos deixa à deriva.

Desafio do dia:
Supere uma dificuldade.

Escreva aqui sua oração:

STATUS: EM ORAÇÃO
PORTA ESTREITA

Entrai pela porta estreita.
Mt 7,13

Reflexão do dia

O caminho da santidade exige um estilo de vida baseado em escolhas consequentes. Requer uma disposição interior para realizar tudo aquilo que muitos não estão dispostos a fazer. O caminho não é muito amplo, além de ser desafiador e nos exigir a superação de desafios e dificuldades. Pressupõe uma decisão. Exigirá abandonar as promessas do mundo. Deixar o orgulho, o egoísmo e aprender a ser humildade. Enfrentar perseguições, incompreensões, rejeições, a cruz. Abandonar os impulsos que nos levam a reagir com muita intensidade, aprender a perdoar e ter a coragem para recomeçar.
O Senhor nos ensina que o caminho para atravessar a porta estreita está em sua Palavra.

Se tens uma cruz, carregue-a.
Fazê-lo te tornará santo.

Madre Angélica

Desafio do dia:

Vença o orgulho.

Escreva aqui sua oração:

Somos um só corpo em Cristo... tendo diferentes carismas.
Cf. Rm 12,5-6

STATUS: EM ORAÇÃO
VOCÊ NÃO É TODO MUNDO!

Reflexão do dia

"Você não é todo mundo" é uma frase que pode desconcertar-nos, deixar-nos chateados, mas da qual podemos tirar um ensinamento. Cada um de nós traz dentro de si uma particularidade, um modo único de ser no mundo. Mas, quantas vezes não nos esforçamos para ser como o outro, para viver uma vida que não nos pertence, apenas para nos sentirmos acolhidos?

Não nascemos para ser mais um no meio da multidão, mas para ser nós mesmos, com nossas características, nossa personalidade e nossos dons únicos. Não tentemos moldar-nos para caber na vida do outro, pois existe um modo de viver que é só nosso, uma vida que só pertence a nós. Essa é a vida que nos fará felizes.

Somos únicos e amados plenamente por Deus em nossa singularidade.

Somos muito mais do que pensamos ser, e é nessa pessoa que nos devemos transformar.

Joan Chittister

Desafio do dia:

Escreva três coisas que aprecia em você.

Escreva aqui sua oração:

STATUS: EM ORAÇÃO
TENTE DE NOVO!

Porque tu dizes, lançarei as redes.
Lc 5,5

Reflexão do dia

Já passou pela experiência de tentar fazer algo muitas vezes, e, no final, perceber que não está saindo do jeito que imaginou? Possivelmente, essa era a situação dos discípulos. Eles eram pescadores e, mesmo conhecendo bem o seu ofício, passaram uma noite inteira pescando e não conseguiram pegar nenhum peixe. Jesus aparece, convida-os a tentarem mais uma vez, e, dessa vez, as coisas acontecem de forma diferente: as redes se enchem de peixes!

Jesus é luz; com ele, a noite se dissipa. Ele vem até nós nos trazendo novo ânimo e nova esperança. Nós também somos convidados, por Jesus, a tentar mais uma vez, mas dessa vez não estaremos sozinhos em meio à noite escura. Estaremos com ele, que é nosso amigo. Precisamos confiar nele, e veremos que tudo será transformado!

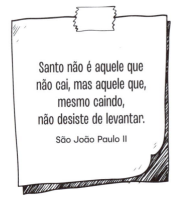

Santo não é aquele que não cai, mas aquele que, mesmo caindo, não desiste de levantar.

São João Paulo II

Desafio do dia:

Faça algo que está procrastinando.

Escreva aqui sua oração:

Contentai-vos com o que tendes.
Cf. Hb 13,5

STATUS: EM ORAÇÃO
E SE...

Selecionar na playlist a música: *Contigo é bem melhor.* Anderson Freire e Junior Maciel. Paulinas/COMEP.

Reflexão do dia

E se eu tivesse feito isso? E se estivesse naquele lugar? E se tivesse escolhido outra coisa? Essas perguntas, esses "e se" podem, muitas vezes, nos tornar reféns de versões nossas que, na realidade, só existem em nossa cabeça. Pensar nas possibilidades de como nossa vida poderia ter sido ou imaginar o quanto melhor estaríamos se tivéssemos feito outras escolhas nos remete ao ditado: "A grama do vizinho é sempre mais verde". No entanto, muitas vezes a "grama do vizinho" nem existe, sendo só a idealização de uma vida perfeita que criamos.

O convite que a vida nos faz é o de não nos apegarmos ao que poderia ter sido, mas ao que é, ao que estamos vivendo e à beleza que existe na vida que temos. Não existe "e se" e não existe arrependimento, quando vivemos uma vida plena, como o próprio Jesus nos convida a fazer.

 Desafio do dia:

Recorde algum fato ocorrido pelo qual é grato.

Escreva aqui sua oração:

_____
_____
_____

STATUS: EM ORAÇÃO
ELE ESTÁ NO MEIO DE NÓS!

Sai e permanece sobre o monte diante do Senhor, porque o Senhor vai passar.
1Rs 19,11

Reflexão do dia

Se continuarmos a ler esse trecho do livro do Livro dos Reis, veremos o episódio no qual Elias escuta a voz do Senhor. Antes de percebê-la, surge um vento impetuoso, um terremoto, fogo. No entanto, como diz no texto bíblico: "O Senhor não estava lá".

Muitas vezes, buscamos o Senhor em tantos lugares – no barulho, na confusão –, clamamos por respostas, mas não somos capazes de silenciar e perceber que ele se manifesta a nós, não no meio da correria, mas como uma brisa suave.

Jesus está no meio de nós; ele está sempre presente. Porém nos falta sensibilidade para perceber a sua presença na simplicidade, no cotidiano e na "brisa suave". Precisamos dar espaço para uma escuta mais atenta.

Somos convidados a perceber a maneira particular com a qual Jesus se revela em nossas vidas.

A verdadeira sede da escuta é o coração.

Papa Francisco

Desafio do dia:

Ouça seu coração por alguns minutos.

Escreva aqui sua oração:

E Deus disse:
"Que haja luz!"
E houve luz.
Gn 1,3

STATUS: EM ORAÇÃO
O PODER DA PALAVRA

Selecione na playlist a música:
Palavra certa.
Padre Zezinho, scj.
Paulinas/COMEP.

Reflexão do dia

A palavra tem muita força em nossa vida. Quando a usamos para o bem, coisas boas surgem; mas, se nossas palavras são marcadas por reclamações ou críticas ao outro, podem trazer consequências negativas. Quando declaramos que conseguiremos, que desta vez dará certo, nós nos encorajamos e nos motivamos. Por outro lado, se nos desencorajamos, dizendo que não podemos, que nada vai mudar, já iniciamos mal.

No Livro do Gênesis, na história da criação, vemos que Deus cria tudo com o poder de sua palavra. Palavras que dão vida e fazem surgir novas coisas.

Que nossas palavras também sejam palavras de vida para nós mesmos e para aqueles que estão ao nosso redor. Ao internalizá-las e tomá-las como verdade, grandes transformações podem acontecer.

 Desafio do dia:

Diga algo positivo a alguém. Pode ser um elogio ou um agradecimento.

Escreva aqui sua oração:

STATUS: EM ORAÇÃO
JESUS DISSE: "MARIA"

Disse-lhe Jesus: "Maria".
Jo 20,16

Reflexão do dia

Perceber a presença de Deus em nosso dia a dia nem sempre é algo simples e nem é uma experiência igual para todos. Jesus nos encontra e fala ao nosso coração de uma maneira única, que só quem está atento é capaz de perceber. Quando Jesus chama Maria pelo nome, ela o reconhece, mesmo estando imersa em uma situação de tristeza. Maria chorava e suas lágrimas a impediam de ver Jesus diante dela. No entanto, chamá-la pelo nome foi o jeito que ele encontrou de revelar-se a ela.

E, no nosso dia a dia, como Jesus se faz presente? Como você o percebe? Isso pode dar-se por meio de uma pessoa, de uma palavra, de uma música, de um post no Instagram. O importante é saber reconhecer sua voz e perceber que Jesus, como um amigo fiel, nunca nos deixa sós!

Sei que estou me aproximando de Deus, quando o vejo em tudo o que existe.

Joan Chittister

Desafio do dia:

Compartilhe algo sobre Deus com alguém ou pergunte a alguém sobre ele.

Escreva aqui sua oração:

_____
_____
_____

Vosso Pai sabe do que precisais, muito antes que vós o peçais.
Mt 6,8

STATUS: EM ORAÇÃO
ELE CONHECE CADA UM DE NÓS

Reflexão do dia

É tão bonito e reconfortante perceber que Deus nos olha e nos conhece tão bem, a ponto de saber tudo aquilo de que precisamos antes mesmo de pensarmos em pedir a ele. Muitas vezes, vivemos situações inesperadas, fazendo algo que nunca na vida sequer tínhamos imaginado. E, por mais incrível que pareça, essas experiências eram exatamente tudo o que precisávamos. O amor de Deus se manifesta muitas vezes de forma inesperada, seja em pessoas, coisas ou situações que jamais imaginávamos necessitar, mas que chegam em nossas vidas e se encaixam perfeitamente. Perceber esse cuidado de Deus para conosco ajuda, cada vez mais, a nos sentirmos amados e cuidados por ele. Deus nos observa, ama-nos e conhece os desejos mais profundos do nosso coração.

Selecione na playlist a música:
Ao coração cansado.
Bruno Faglioni.
Paulinas/COMEP.

Desafio do dia:

Faça uma oração de agradecimento a Deus por tudo o que ele lhe dá sem que precise pedir.

Escreva aqui sua oração:

_____
_____
_____

STATUS: EM ORAÇÃO
PERMITAMO-NOS SENTIR

Quando sou fraco, então é que sou forte.
2Cor 12,10

Reflexão do dia

Temos a tendência de fugir de tudo aquilo que nos causa desconforto. Esse é um instinto natural. No entanto, há coisas e sentimento que precisam ser vividos. Muitas pessoas pensam que o fato de não estarem sempre alegres as fazem fracas. Porém, sentimentos como tristeza, frustração, medo, inveja etc., são fundamentais para o nosso desenvolvimento pessoal. Pode ser um pouco difícil acessá-los, mas, ao nos permitirmos fazer isso, começamos a refletir sobre nossas próprias experiências, sobre o que nos levou a experimentar esses sentimentos e, o mais importante, sobre o que podemos fazer para acolhê-los. Como o apóstolo Paulo diz, em uma de suas cartas, quando nos sentimos fracos, aí está nossa fortaleza. Portanto, permitamo-nos sentir, pois muitas vezes o que sentimos ser uma fraqueza é o que nos torna fortes!

Na fragilidade se abrem espaços para a flor nascer.

Jorge Trevisol

Desafio do dia:

Perceba três situações que deixam você triste, irritado ou frustrado, e se pergunte o motivo.

Escreva aqui sua oração:

_____
_____
_____

"Senhor, quantas vezes pecará meu irmão contra mim para que eu deva perdoá-lo?"
Mt 18,21

STATUS: EM ORAÇÃO
PERDÃO

Reflexão do dia

Para recebermos o perdão, é necessário perdoarmos, não porque Deus nos impõe essa condição, mas porque, se não abrirmos o coração para oferecer o perdão, dificilmente conseguiremos abri-lo para nos deixarmos ser perdoados. A atitude de perdoar leva a nos reconhecermos no outro, a percebermos que, assim como o outro tem suas limitações que o fazem errar, nós também as temos. A partir dessa experiência, desse reconhecimento das próprias limitações, nós nos retiramos da posição de juízes e de pessoas que só dão o perdão, mas que nunca precisam recebê-lo.

O convite que Jesus nos faz ao dizer que devemos perdoar 70 vezes 7 é o de perdoarmos aqueles que nos ofendem, mas também de nos sentirmos e nos reconhecermos perdoados 70 vezes 7, ou seja, de sermos infinitamente perdoados por ele.

Tu não desejas tanto o perdão de teus pecados, quanto Deus deseja perdoar-te.

São João Crisóstomo

Desafio do dia:

Pense em uma pessoa ou situação que precisa de perdão.

Escreva aqui sua oração:

STATUS: EM ORAÇÃO
A ARTE DE VIVER

A lâmpada do corpo é o olho. Por isso, se teu olho for simples, teu corpo todo será luminoso, mas, se teu olho for mau, teu corpo todo será escuro.
Mt 6,22-23

Reflexão do dia

Dizer que a lâmpada do corpo é nosso olho nos leva a pensar nas coisas que vemos. Mas isso suscita um questionamento: Como estamos vendo essas coisas? Existem duas maneiras de encarar a vida: uma é olhando e dando valor àquilo que temos, percebendo suas belezas; a outra é enxergando apenas aquilo que nos falta, dando peso maior às dificuldades e nos colocando como vítimas. As pessoas que conhecem a alegria de viver não negam a existência das dificuldades e tristezas, mas escolhem não viver mergulhadas nelas, trazendo dentro de si a convicção de que em meio às trevas há sempre uma luz. Podemos cair na armadilha de achar que viver assim é ingenuidade ou utopia, no entanto, isso é viver com esperança. A maneira como vemos a vida é a forma como a vivemos, então escolhamos enxergá-la com leveza e alegria. Assim, nossa vida será mais feliz.

Selecione na playlist a música: *Contrários*. Padre Fábio de Melo. Paulinas/COMEP.

Desafio do dia:

Crie um pote da gratidão e deposite nele os motivos pelos quais é grato.

Escreva aqui sua oração:

Tudo suporta, tudo crê, tudo espera, tudo tolera. O Amor jamais acabará.
1Cor 13,7-8

STATUS: EM ORAÇÃO
ISSO É AMOR

Selecione na playlist a música: *Humano amor de Deus*. Padre Fábio de Melo. Paulinas/COMEP.

Reflexão do dia

É muito comum, nos dias de hoje, ouvirmos falar sobre a superficialidade do amor. Frases como "o amor acabou", "eu o amava, mas já não o amo mais", apresentam um amor raso, inconstante. No entanto, o verdadeiro amor não acaba, pois é genuíno. O amor é uma decisão: é escolher amar todos os dias. Por isso, São Paulo, em sua carta, fala sobre suportar, perdoar e ter paciência; essas são escolhas e consequências do amor.

Reconheçamos, em nossas vidas, as várias demonstrações de amor: aquelas pessoas que nos acolhem, que são pacientes e que nos perdoam. Não resumamos o amor a um príncipe que chega no cavalo branco, pois demonstrações de amor existem, mas o amor não se resume a isso. Somos verdadeiramente amados, tanto por meio de demonstrações claras quanto por atitudes silenciosas, ações discretas e pequenas manifestações da presença de Deus.

Desafio do dia:

Escute a música *Humano amor de Deus*.

Escreva aqui sua oração:

STATUS: EM ORAÇÃO
CAMINHO DE SANTIFICAÇÃO

Até que Cristo seja formado em vós.
Gl 4,19

Reflexão do dia

O que significa ser santo? Às vezes, temos uma ideia de santidade como algo tão distante e extraordinário, quase como se fosse necessário ter superpoderes para ser santo. Mas, na verdade, como diz o Bem-aventurado Tiago Alberione: "O processo de santificação é o processo de cristificação". E o que significa isso, afinal? Aprender com Jesus a amar, a conviver com as pessoas, a enfrentar os desafios e as tentações; não só aprender, mas tornar-se um "outro Cristo", isso é o processo de cristificação. Assim, nosso jeito de ser vai se modelando ao jeito de Jesus, que é o Santo dos Santos. Fazemos isso cultivando nossa vida de oração, aprendendo com Jesus, ouvindo sua Palavra e deixando-nos ser tocados por ela.

Selecione na playlist a música: *Em santidade.* Walmir Alencar. Paulinas/COMEP.

 **Desafio do dia:**

Leia o Evangelho do dia e medite sobre qual é o apelo que ele lhe faz.

Escreva aqui sua oração:

Atravessemos para a outra margem!
Mc 4,35

STATUS: EM ORAÇÃO
TRAVESSIA

Seleccione na playlist a música: *Um novo tempo*. Jonny Mendes. Paulinas/COMEP.

Reflexão do dia

Nesse versículo, vemos Jesus convidando os discípulos a irem para o outro lado do mar. Mas qual o convite real por trás dessa pergunta? O que significa, de fato, ir para a outra margem?

Ir para a outra margem pode ser um convite a abandonar aquilo que é cômodo e conhecido e se abrir a novas experiências e novas possibilidades. Trata-se de realizar uma travessia, algo que pelo qual todos nós passamos em algum momento da vida. Nessa jornada, pode haver tempestades e ondas enormes, pode acontecer de o barco afundar. Por outro lado, também haverá momentos de calmaria, tranquilidade e descanso.

Toda travessia traz surpresas e desafios que levam a um destino, a algo novo, a um recomeço. Somos convidados a realizar, com Jesus, a nossa travessia, abrindo-nos às riquezas que ela pode nos oferecer.

 Desafio do dia:
Aprenda algo novo hoje.

Escreva aqui sua oração:

_____
_____
_____

STATUS: EM ORAÇÃO
OS DISCÍPULOS APROXIMARAM-SE E O ACORDARAM

Tendo-se aproximado, eles o acordaram.
Mt 8,25

Reflexão do dia

Já parou para pensar em quantas vezes deixamos Jesus adormecido na barca da nossa vida? Ele está sempre conosco, acompanhando-nos, no entanto, ainda assim nós o deixamos dormindo. Enquanto isso, uma tempestade nos envolve, ondas grandes querem nos derrubar. Com forças limitadas, tentamos encontrar uma saída, mas acabamos nos desesperando.

O que nos falta é despertar Jesus, e isso significa clamar por ajuda, reconhecer nossas limitações e impotências, admitir que estamos perecendo e que precisamos de que ele nos salve. Quando entregamos a direção e o controle de tudo em suas mãos, o mar se acalma e, depois da tormenta, vem a bonança.

Jesus está sempre conosco, seja na calmaria ou na tempestade, mas é a forma como deixamos que ele aja em cada situação que faz toda a diferença.

Selecione na playlist a música:
Deus vai me segurar.
Walmir Alencar.
Paulinas/COMEP.

Desafio do dia:

Reserve um tempo do seu dia e faça uma oração de entrega a Deus.

Escreva aqui sua oração:

Faça-se em mim segundo tua Palavra.
Lc 1,38

STATUS: EM ORAÇÃO
PROJETO DE VIDA

Selecione na playlist a música: *Direção* Walmir Alencar. Paulinas/COMEP.

Reflexão do dia

Muitas vezes dizemos: "Se for da vontade de Deus", "Se Deus quiser", e é muito bom confiarmos nossos projetos a Deus, no entanto, eles não são apenas de Deus, mas devem se tornar nossos também.

Existe uma regra na matemática que diz que sinais iguais sempre resultam em sinal positivo e sinais diferentes em sinal negativo. Em nosso projeto de vida, dá-se mais ou menos assim: quando nossa vontade está de acordo com a de Deus, o resultado só pode ser positivo. Porém, se desejamos uma coisa, mas Deus tem outros planos para nós, corremos o risco de nos perder.

Deus nos dá liberdade de escolha, no entanto, somos convidados a ouvir sua voz e conhecer seus planos. Assim, ao abraçá-los de verdade, seremos felizes.

Desafio do dia:

Reserve um momento para pensar sobre qual é o seu projeto de vida.

Escreva aqui sua oração:

STATUS: EM ORAÇÃO
GENEROSIDADE

Que façam o bem, enriqueçam-se em boas obras, sejam generosos, dados à partilha.
1Tm 6,18

Reflexão do dia

A generosidade é a virtude de quem age em benefício do outro, esquecendo os próprios interesses. É a capacidade de colocar o outro em primeiro plano, acima das próprias vontades e do próprio orgulho, para apenas praticar o bem, sem esperar qualquer compensação.

Praticar a generosidade é atitude de quem é livre, de quem age apesar do que os outros irão pensar ou falar. Pode-se cair na tentação de agir apenas para ser visto ou elogiado, ou, ao contrário, de não agir porque ninguém verá e dará o devido valor. No entanto, somos convidados a dar um passo além e a agir, não pelo reconhecimento do outro, mas por consideração ao outro. Fazer o que for preciso e o que estiver ao nosso alcance, movidos pela convicção de que é o certo e de que a generosidade é sempre o melhor caminho.

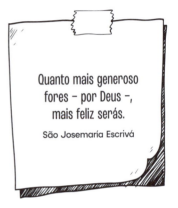

Quanto mais generoso fores – por Deus –, mais feliz serás.

São Josemaría Escrivá

Desafio do dia:

Ofereça ajuda sem que esta seja pedida.

Escreva aqui sua oração:

Vou procurar o amor de minha alma.
Ct 3,2

STATUS: EM ORAÇÃO
NÃO PROCURE FORA O QUE ESTÁ DENTRO

Reflexão do dia

Santo Agostinho dizia que buscou fora aquilo que estava dentro dele. Quantas vezes não caímos na tentação de procurar, nas pessoas e nas coisas, aquilo que está dentro de nós. Essa busca acaba se tornando exaustiva e sem fim, e nos preenchemos de amores vazios e de compensações momentâneas. Por um período curto, sentimos estar no céu, mas, depois, vemos que era algo passageiro.

Às vezes, buscamos ser reconhecidos, amados, olhados e compreendidos, quando, na verdade, não nos damos conta do amor que existe em nós, do amor de Deus por nós, do seu olhar, da sua compreensão. Não basta percebermos que somos amados por Deus, precisamos também nos amar, compreender-nos e acolher-nos. Os amores que surgirem em nossa vida, então, serão frutos de um amor maior.

> Eis que habitavas dentro de mim e eu te procurava do lado de fora.
>
> Santo Agostinho

 Desafio do dia:

Olhe para si mesmo e acolha-se com amor.

Escreva aqui sua oração:

STATUS: EM ORAÇÃO
CORAGEM

"Pai, pequei contra o céu e contra ti."
Lc 15,18

Reflexão do dia

Existem alguns momentos na vida em que percebemos estar tomando decisões erradas, autossabotando-nos e nos distanciando de Deus, além de nos afastarmos de pessoas que são importantes para nós. Mas o que fazer diante das nossas falhas e limitações?

O filho pródigo nos ensina duas coisas: que exigir parte da herança e sair mundo afora não foi uma boa escolha e que, mesmo depois de tantos erros, é possível voltar atrás. Voltar atrás exige coragem, deixar o orgulho de lado, assumir as próprias limitações, levantar-se e encarar as consequências das próprias atitudes.

No fundo, o que levou o filho pródigo a voltar para o pai foi a certeza de um amor que supera os erros. Assim, somos convidados a perceber, em nossa própria vida, que o amor de Deus é maior que nossas falhas e escolhas equivocadas.

Selecione na playlist a música: *Coragem*. Walmir Alencar. Paulinas/COMEP.

Desafio do dia:

Ouça um testemunho da vida de alguém.

Escreva aqui sua oração:

Antes de formar-te no ventre,
eu te conheci;
antes de saíres do útero,
eu te consagrei.
Jr 1,5

Selecione na playlist a música: *Nessa estrada.* Rodrigo Pires e Walmir Alencar. Paulinas/COMEP.

 Desafio do dia:

Acolha as suas imperfeições.

STATUS: EM ORAÇÃO
A BELEZA DE SER ÚNICO

 ### Reflexão do dia

É muito comum, hoje em dia, vermos pessoas muito preocupadas com o aspecto físico, tentando se encaixar em padrões de beleza cuja origem desconhecem. Muitas gastam tudo o que têm em procedimentos estéticos e na busca de um ideal que parece sempre inalcançável. Mas será que vale a pena? Será que a beleza de ser único não supera a tentativa de parecer com todo mundo?
Cada marca no nosso rosto, cada traço conta uma história. É algo que faz parte daquilo que nos torna especiais.
Não precisamos caber em um molde que não foi feito para nós. Nossa essência é maior que qualquer padrão, e o belo não está em parecer, mas em ser. Está em se olhar no espelho e reconhecer a beleza de ser quem se é, sem sentir necessidade de mudar o que já é amado exatamente como é.

Escreva aqui sua oração:

_____
_____
_____

STATUS: EM ORAÇÃO
MARIA PARTIU SEM DEMORA

Maria partiu sem demora.
Lc 1,39

Reflexão do dia

Correr é um ato de quem tem pressa, de quem tem um objetivo e quer alcançá-lo o quanto antes. No nosso dia a dia, corremos por muitos motivos, seja para pegar um ônibus, não perder um compromisso, dar conta das tarefas. Mas, se passarmos a vida inteira apressados, sem saber ao certo para onde estamos indo, corremos o risco de que ela passe tão rápido que nem percebamos. Por isso, vale a pergunta: O que faz nosso coração ter pressa? O que nos impulsiona a seguir adiante?

Depois da anunciação do anjo, Maria partiu apressadamente, porque sabia para onde ia. Sua pressa não era ansiedade, mas resposta ao chamado de Deus. Quando descobrirmos o que, de fato, nos faz correr, nossos passos ganham sentido e nosso coração encontra a paz. Pois a verdadeira corrida não nos esgota, mas nos conduz ao encontro com Deus e com o outro.

Selecione na playlist a música: *Seguidor dos passos teus.* Padre Zezinho, scj. Paulinas/COMEP.

 Desafio do dia:

Escolha uma atitude que o aproxime do seu verdadeiro propósito.

Escreva aqui sua oração:

Quem se faz pequeno como esta criança, este é o maior no Reino dos céus.
Mt 18,4

STATUS: EM ORAÇÃO
CONFIE

Reflexão do dia

Ser como criança é carregar dentro de si inúmeras virtudes, sendo uma delas a confiança. Quanto menor a criança for, mais dependente de alguém ela é, e dessa dependência nasce a confiança. A criança confia nos pais: sabe que eles lhe darão alimento, segurança e abrigo e que serão as mãos que a sustentarão e conduzirão. Conforme crescemos, tornamo-nos independentes e passamos a assumir responsabilidades. Que bom que isso acontece! Mas, junto com a autonomia, corremos o risco de nos esquecer de como é confiar. Queremos fazer tudo e resolver tudo, sem abrir espaço para que Deus e as pessoas nos ajudem.

Fazer-se pequeno como uma criança não é renunciar à maturidade, mas sim reconhecer que não precisamos suportar tudo sozinhos. É abrir o coração para confiar em Deus, que nos sustenta, e também nas pessoas que caminham ao nosso lado.

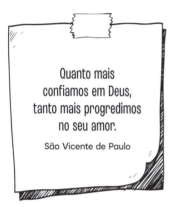

Quanto mais confiamos em Deus, tanto mais progredimos no seu amor.

São Vicente de Paulo

Desafio do dia:

Observe algo que está pesando no seu coração e entregue a Deus.

Escreva aqui sua oração:

STATUS: EM ORAÇÃO
SOCIALIZAR

Quão bom e quão agradável é sentar-se junto aos irmãos.
Sl 133,1

Reflexão do dia

O ser humano é um ser social, criado para viver relações que o moldam e completam. Ainda assim, é cada vez mais comum ouvirmos frases como: "Hoje estou antissocial", "Sou antissocial", como se isso servisse de justificativa para o isolamento.

A rotina agitada e a facilidade de nos refugiarmos em telas muitas vezes nos afastam das pessoas. Às vezes, nós nos convencemos de que ninguém entenderia o que sentimos ou que a companhia dos outros é dispensável. Contudo, esse distanciamento pode nos privar de experiências que nos enriquecem e nos fortalecem.

Socializar é mais do que fazer parte de grupos: é compartilhar histórias, criar laços e sentir-nos parte de algo maior. Por isso, precisamos encontrar tempo para sair do quarto, desconectarmo-nos do virtual e nos abrirmos ao real. Às vezes, a cura para o vazio que sentimos está na conexão que evitamos.

Selecione na playlist a música: *Lugar de adoração e vida*. Walmir Alencar. Paulinas/COMEP.

 Desafio do dia:

Envie uma mensagem para um amigo com quem há tempos não conversa.

Escreva aqui sua oração:

Vinde a mim todos os que estais cansados e sobrecarregados.
Mt 11,28

STATUS: EM ORAÇÃO
PILOTO AUTOMÁTICO

Reflexão do dia

É fácil cair no piloto automático, deixando que a vida nos conduza sem que percebamos o peso desse ritmo. O cansaço, muitas vezes, não é só físico, mas da alma, sobrecarregada por pensamentos incessantes e rotinas sufocantes. Pequenos gestos, como sorrir mais ou apenas agradecer pelo que já temos, podem nos resgatar desse ciclo exaustivo.

Acima de tudo, há um descanso maior, que não depende apenas do que fazemos, mas de quem buscamos.

Jesus entende o peso que carregamos, pois ele próprio experimentou o cansaço. E é justamente por isso que nos convida a estar em sua presença. Nele encontramos repouso verdadeiro, não apenas para o corpo, mas para a alma. Que possamos descansar nos braços daquele que nunca se cansa de nos amar.

Selecione na playlist a música: *Consolo*. Walmir Alencar. Paulinas/COMEP.

Desafio do dia:

Identifique uma preocupação que esteja pesando em seu coração e apresente-a na sua oração.

Escreva aqui sua oração:

STATUS: EM ORAÇÃO
A MUDANÇA COMEÇA DE DENTRO

E não vos conformeis ao mundo presente, mas transformai-vos pela renovação da mente.
Rm 12,2

Reflexão do dia

Estamos frequentemente mudando algo ao nosso redor: mudamos os móveis do quarto, o estilo do cabelo, as roupas; trocamos de emprego, de escola, de amigos. Às vezes, até acreditamos que uma nova casa ou cidade irá resolver todos os nossos problemas. Mas, depois de tantas mudanças externas, por que carregamos dentro de nós o mesmo vazio? Talvez, o que realmente é preciso mudar não esteja fora, mas dentro de nós: o jeito como nos vemos, como nos acolhemos e como reconhecemos nosso valor. Antes de transformar o que está ao nosso redor, é preciso olhar para dentro de nós, observar nossas feridas e permitir que elas cicatrizem. A verdadeira mudança começa quando decidimos cuidar do nosso interior. É ali, em nosso íntimo, que a transformação acontece. E, quando ela se dá de verdade, tudo ao nosso redor ganha um novo sentido.

Selecione na playlist a música: *Tocar em tuas vestes*.
Adelson Freire e Aretusa.
Paulinas/COMEP.

Desafio do dia:

Faça uma mudança em sua rotina. Pode ser algo simples como organizar um cantinho do seu quarto ou até mudar o caminho que faz para ir ao trabalho/escola.

Escreva aqui sua oração:

O que ainda me falta?
Mt 19,20

STATUS: EM ORAÇÃO
SER

Reflexão do dia

Será que temos coragem de fazer essa pergunta a Jesus? O que mais podemos fazer pelo Reino e pelas pessoas? Essa é uma pergunta que exige coragem, pois nos desafia, tira-nos do comodismo e nos leva a um compromisso maior com Deus. Muitas vezes, sentimos que já fazemos tanto, que nos doamos ao máximo e que parece não haver mais nada a oferecer.

No entanto, o que Jesus espera de nós não é apenas o que podemos fazer, mas o que podemos ser. Ser mais paciente, ser mais generoso, ser mais humilde... Esses são os verdadeiros "algo a mais" que podemos oferecer a Deus. E, por mais simples que pareçam, essas atitudes exigem muito mais de nós do que qualquer ação isolada. Afinal, mudar nossas atitudes transforma não só o que fazemos, mas também quem somos.

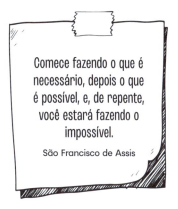

Comece fazendo o que é necessário, depois o que é possível, e, de repente, você estará fazendo o impossível.

São Francisco de Assis

 **Desafio do dia:**

Escolha uma pequena atitude para ser seu "algo a mais" hoje.

Escreva aqui sua oração:

_____
_____
_____

STATUS: EM ORAÇÃO
CICATRIZ

Nossa leve e momentânea tribulação produz para nós um desmesurado peso eterno de glória.
1Cor 4,17

Reflexão do dia

Todos nós carregamos alguma cicatriz da infância, seja uma marca visível, a lembrança de um tombo ou de um dia em que nos machucamos. Mas essas marcas já não doem mais, ao contrário, muitas vezes vêm acompanhadas de boas histórias. Lembramo-nos do dia em que caímos de bicicleta, do tombo ao subir em uma árvore ou das brincadeiras com os amigos que acabaram em arranhões.

Essas cicatrizes nos recordam de que vivemos, e vivemos tão intensamente que trazemos marcas. Elas são sinais de que não passamos pela vida de forma superficial, mas nos lançamos nela com coragem. Na vida, acumulamos outras tantas feridas, algumas bem profundas, mas, por mais que tenham doído, hoje são testemunhas de nossa entrega em cada passo do caminho.

Selecione na playlist a música: *Convém*. Walmir Alencar. Paulinas/COMEP.

Desafio do dia:

Observe uma cicatriz que você tem e relembre a história que ela carrega.

Escreva aqui sua oração:

Jesus viu.
Mc 6,34

STATUS: EM ORAÇÃO
OLHAR

Selecione na playlist a música: *Em teu altar.* Walmir Alencar. Paulinas/COMEP.

Reflexão do dia

O olhar pode ser um gesto singelo de amor. Há olhares que dizem muito, sem precisar de palavras: o olhar apaixonado entre casais, o olhar de admiração entre irmãos, o olhar curioso de uma criança descobrindo o mundo. Cada um deles tem um brilho especial, um reflexo da beleza da vida.

Mas há um olhar que nunca se desvia de nós? O olhar de Jesus. Ele nos acompanha em cada passo e envolve-nos com ternura, alegrando-se com as nossas conquistas. Antes mesmo que o busquemos, ele já nos observa. Nos dias de afastamento, seu olhar não se distancia. Nos momentos de alegria, ele sorri junto conosco. E, quando choramos, ele se compadece de nós e nos fortalece.

Somos vistos. Somos amados. Façamos a experiência de nos deixarmos alcançar por esse olhar que nunca nos abandona.

Desafio do dia:

Olhe nos olhos de uma pessoa com ternura.

Escreva aqui sua oração:

_____
_____
_____

STATUS: EM ORAÇÃO
DISCERNINDO AS VOZES

Que ninguém vos engane de modo algum.
2Ts 2,3

Reflexão do dia

Vivemos cercados por vozes, opiniões, conselhos e ensinamentos. Todo mundo tem algo a dizer, e, com as redes sociais, nunca foi tão fácil e rápido espalhar ideias. O problema é que, no meio de tantas informações, nem tudo nos faz bem, nem tudo nos aproxima da verdade.
Nem toda voz ensina o que é certo. Nem toda palavra que soa bonita leva ao que é bom. Precisamos aprender a filtrar o que ouvimos, para discernir o que nos aproxima de Deus daquilo que apenas nos confunde. Não podemos aceitar tudo como verdade só porque muitos afirmam. Mais do que ouvir o mundo, precisamos escutar nossa própria consciência e, acima de tudo, a voz de Deus. Ele fala ao nosso coração e nos ensina o caminho da verdadeira sabedoria.

Selecione na playlist a música:
João 15.
Bruno Rocha e Walmir Alencar.
Paulinas/COMEP.

Desafio do dia:

Desligue-se por um período das redes sociais e leia um livro.

Escreva aqui sua oração:

Limpa primeiro o copo por dentro, para que também por fora fique limpo.
Mt 23,26

STATUS: EM ORAÇÃO
SEM FILTROS

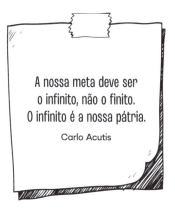

A nossa meta deve ser o infinito, não o finito. O infinito é a nossa pátria.
Carlo Acutis

Reflexão do dia

A expressão "vida de Instagram" nos remete a uma realidade aparentemente perfeita. Nas redes sociais, tudo parece lindo, cheio de bons momentos, e até as dificuldades surgem em cenas filtradas, bem editadas, quase programadas. De fato, ninguém quer ficar postando as tragédias da vida ou enaltecendo fracassos. Queremos registrar o que é bom. No entanto, corremos o risco de nos preocuparmos excessivamente com a aparência, com o que os outros veem e pensam. Mas de que adianta uma imagem impecável se, por dentro, carregamos desordem e inquietação?

A verdadeira harmonia não vem do que está do lado de fora, mas do cuidado com o que está dentro nós. Uma mente acelerada e cheia de preocupações inevitavelmente reflete no corpo e nas atitudes. Por isso, antes de moldarmos nossa aparência para o mundo, é essencial cuidar do coração, permitindo que a paz interior transborde e ilumine também o exterior.

Desafio do dia:

Hoje, antes de abrir as redes sociais, pratique um ato de gentileza.

Escreva aqui sua oração:

STATUS: EM ORAÇÃO
BUSCADORES DA FONTE VIVA

Disse-lhe Jesus:
"Dá-me de beber!"
Jo 4,7

Reflexão do dia

Existe dentro de nós uma sede insaciável: sede de amor, de justiça, de esperança, de Deus e de nós mesmos. O encontro de Jesus com a samaritana retrata bem essa realidade. Uma mulher sai ao sol do meio-dia para buscar água e Jesus, quebrando todos os preconceitos da época, inicia um diálogo com ela. A sede nos move.

O problema é sabermos escolher onde saciar nossa sede. O que temos buscado para preencher o vazio que nos habita? Estamos bebendo na fonte certa? Nossa sede nos faz buscadores, e a resposta de Jesus é clara: "Eu sou". Ele é a água viva que sacia sem cessar. Mas precisamos estar dispostos a confiar e a deixar nossa talha nas mãos dele. No poço de cada dia, Jesus nos espera para transformar nossa sede em encontro.

Selecione na playlist a música:
Receba.
Walmir Alencar.
Paulinas/COMEP.

 Desafio do dia:

Seja fonte de vida para alguém hoje.

Escreva aqui sua oração:

A mulher, então, deixou sua talha.
Jo 4,28

STATUS: EM ORAÇÃO
O QUE PRECISAMOS DEIXAR PARA TRÁS?

Reflexão do dia

Nesse versículo, temos a experiência de uma mulher que abandona tudo e vai testemunhar, ao descobrir que está diante daquele a quem esperava e que respondeu aos seus questionamentos mais profundos.

Essa mulher, possivelmente, ia todos os dias ao poço com sua talha, no mesmo horário, realizando sempre a mesma tarefa, mas esse encontro com Jesus mudou tudo. "Deixar a talha", uma atitude tão sutil e que carrega um significado profundo, pode representar abandonar seguranças, velhos hábitos ou buscas que já não fazem sentido.

Que talha precisamos deixar para trás no dia de hoje? Uma experiência profunda com Jesus sempre nos convida a abandonar aquilo que nos prende ao passado e nos impede de viver plenamente o novo.

Dar tudo pelo tudo.
São João da Cruz

Desafio do dia:

Reflita sobre o que precisa deixar para trás.

Escreva aqui sua oração:

_____
_____
_____

STATUS: EM ORAÇÃO
REZE COM O CORAÇÃO

Os verdadeiros adoradores adorarão o Pai em espírito e verdade.
Jo 4,23

Reflexão do dia

Muitos são os gestos de devoção, ritos e práticas de piedade que nos ajudam a louvar a Deus. No entanto, é preciso cuidado para que essas manifestações de fé não se tornem apenas externas. Jesus nos convida a uma adoração mais profunda, que vá além do lugar certo, das palavras bonitas e das condições perfeitas. Antes de tudo, ele quer uma atitude interior de entrega e oração.

Quantas vezes adiamos nosso encontro com Deus, esperando pelo momento ideal? "Quando eu estiver naquela igreja, com aquela vela..." Mas Deus não espera de nós circunstâncias perfeitas; ele deseja nossa adoração em espírito e verdade, com um coração sincero. A preparação externa é importante, mas deve estar sempre unida à disposição interior.

Selecione na playlist a música: *Ares da adoração.* Walmir Alencar. Paulinas/COMEP.

Desafio do dia:

Faça uma oração espontânea, sem rituais ou formalidades, apenas de coração aberto.

Escreva aqui sua oração:

_____
_____
_____

Dizei às pessoas deprimidas:
"Criai ânimo,
não tenhais medo".
Is 35,4

STATUS: EM ORAÇÃO
SEJA LUZ

Selecione na playlist a música: *Revolução*. Walmir Alencar. Paulinas/COMEP.

Reflexão do dia

Certo dia, ouvi de uma irmã que cada um de nós é o quinto Evangelho e que nossa vida deve ser anúncio da Boa-Nova. Isso me lembrou o que São Francisco de Assis disse: "Talvez a sua vida seja o único Evangelho que alguém lerá".

Assim como há pessoas que iluminam o nosso caminho e revelam Deus na simplicidade do dia a dia, nós também somos chamados a ser luz, a ser sinal da presença de Deus na vida de outros.

Todos carregamos dentro de nós dores e desafios, muitos deles invisíveis aos olhos. Ainda assim, um gesto fraterno ou uma palavra de ânimo pode ser o que falta para reacender a esperança no coração de alguém. Só Deus conhece o peso que cada um carrega, e nós nunca saberemos a força que um simples ato de amor pode ter na vida do outro.

Desafio do dia:

Envie um áudio para alguém, expressando apoio e confiança.

Escreva aqui sua oração:

_____
_____
_____

STATUS: EM ORAÇÃO
CONSTRUA SEU NOME

O nome da Virgem era Maria.
Lc 1,27

Reflexão do dia

Os sobrenomes, em sua origem, muitas vezes indicavam o que uma pessoa fazia ou de onde vinha: o Ferreiro, o Oliveira, o Lima... Com o tempo, os nomes passaram a carregar significados, histórias e até expectativas.

Nosso nome pode vir carregado de significado, seja por tradição familiar ou pelas expectativas que as pessoas depositam em nós. "Essa pessoa tem nome", dizem, como se a identidade já estivesse definida desde o início. Mas a verdade é que não é o nome que faz a pessoa, e sim a pessoa que dá sentido ao próprio nome.

O Evangelho nos apresenta Maria assim, de forma simples: "O nome da Virgem era Maria". Entre tantas Marias de sua época, foi sua resposta a Deus que a tornou única. Sua entrega e seu "sim" transformaram um nome comum em algo singular. Assim também ocorre conosco. Nossa origem pode ser apenas um ponto de partida, mas a missão de dar significado ao nosso nome cabe a cada um de nós.

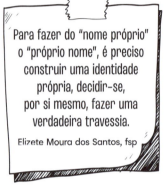

Para fazer do "nome próprio" o "próprio nome", é preciso construir uma identidade própria, decidir-se, por si mesmo, fazer uma verdadeira travessia.

Elizete Moura dos Santos, fsp

Desafio do dia:

Pesquise a origem e o significado do seu nome e sobrenome.

Escreva aqui sua oração:

_____
_____
_____

Há diversos dons, mas o mesmo espírito.
1Cor 12,4

STATUS: EM ORAÇÃO
CADA SER HUMANO É UM MUNDO

Reflexão do dia

Cada ser humano é um universo único, complexo e cheio de contradições. Temos um lado organizado, mas também um lado caótico; possuímos dons, mas também limitações. Falamos muito sobre acolher o diferente, mas a primeira diversidade que precisamos acolher é a nossa própria.

Acolher os dias bons e também os difíceis. Aceitar quando realizamos o que planejamos, mas também quando nos frustramos ou procrastinamos. Reconhecer os momentos em que fomos generosos e aqueles em que poderíamos ter nos doado mais. Acolher não é se definir por uma característica: "Sou desorganizado", "Sou impaciente". É reconhecer que há partes de nós que precisam ser trabalhadas, sem negá-las ou fugir delas. Quando aprendemos a nos aceitar com nossas contradições, também nos tornamos mais abertos para acolher o outro em sua diversidade.

Selecione na playlist a música: *Canção de um imperfeito*. Padre Zezinho, scj. Paulinas/COMEP.

 Desafio do dia:

Ao notar algo que o incomoda em alguém, reflita se também não há algo em si mesmo que precisa ser acolhido.

Escreva aqui sua oração:

STATUS: EM ORAÇÃO
ELE SEMPRE NOS ESPERA

Quando ainda estava longe, seu pai o viu.
Lc 15,20

Reflexão do dia

Nós nos perdemos, iludimo-nos, distraímo-nos e, muitas vezes, seguimos caminhos que nos afastam do amor de Deus. Mas ele nunca deixa de nos esperar. O pai do filho pródigo não apenas o recebeu de volta, mas o viu de longe, porque já aguardava seu retorno. E, quando o encontrou, não o questionou, mas o abraçou, vestiu-o com roupas novas, colocou um anel em seu dedo e preparou um banquete para celebrar sua volta.

Assim também Deus faz conosco: ele nos espera não para nos condenar, mas para nos restaurar. Se sentimos falta da voz de Deus em nosso coração e do cuidado e da direção dele em nossa vida, não devemos hesitar. Sempre é tempo de voltar. Não importa o quão longe tenhamos ido, o Pai já nos está esperando para celebrar nosso retorno.

Selecione na playlist a música: *Abraço de Pai*. Walmir Alencar. Paulinas/COMEP.

 Desafio do dia:

Agradeça a Deus por esperá-lo sempre de braços abertos.

Escreva aqui sua oração:

Tudo é permitido,
mas nem tudo
me convém.
1Cor 6,12

STATUS: EM ORAÇÃO
TENHO TUDO E NÃO TENHO NADA

Reflexão do dia

Você já tentou escolher uma música, um filme ou uma série em um *streaming* e sentiu que, mesmo tendo tantas opções, não tinha nada de interessante? Vivemos na era da abundância, onde tudo está ao alcance de um clique, mas, paradoxalmente, quanto mais temos, mais sentimos que algo nos falta.

Antes, escolher um filme na locadora era uma experiência em si: caminhar entre as prateleiras, analisar as capas, ler as sinopses. Havia um tempo de espera, de expectativa. Hoje, com infinitas possibilidades, muitas vezes ficamos perdidos, pulando de um título para outro, sem realmente mergulharmos em nenhuma experiência. Isso acontece com filmes, músicas, comida... e até com a vida. A sensação de poder tudo nos faz perder de vista o valor das escolhas. Mas e se, em vez de apenas consumir sem propósito, aprendêssemos a escolher com consciência e a viver cada experiência com profundidade? O que nos falta não é mais conteúdo, mas presença no que escolhemos.

Quem tem Deus, nada lhe falta. Só Deus basta.

Santa Teresa de Ávila

 Desafio do dia:

Ao escolher um filme ou passar um tempo nas redes sociais, pergunte-se: "Isso realmente acrescenta algo à minha vida?".

Escreva aqui sua oração:

STATUS: EM ORAÇÃO
AO INFINITO E ALÉM

Deu o infinito
aos corações deles.
Ecl 3

Reflexão do dia

A vida é muito mais do que nossos olhos podem ver e do que podemos sentir ou tocar. Dentro de cada um de nós, Deus plantou um anseio pelo infinito, um chamado que nos impulsiona para algo maior. Buscamos significado, plenitude e eternidade e queremos que a vida tenha mais sentido, mais verdade.

No entanto, muitas vezes nos deixamos levar pelo que é passageiro e esquecemos que fomos feitos para a eternidade. As dores, os medos e as injustiças do mundo não são o fim; somos cidadãos do infinito, chamados a viver desde agora pequenos sinais dessa plenitude, levando amor, esperança e paz para as pessoas. Não fomos criados para a limitação, mas para o céu. E, ao abrirmos os nossos olhos, perceberemos que o infinito já nos rodeia e nos convida a ir além.

Selecione na
playlist a música:
*Cidadão do
infinito.*
Padre Zezinho, scj.
Paulinas/COMEP.

 Desafio do dia:

Contemple a beleza
de Deus.
Pode ser olhando o céu,
sentindo o vento
ou apenas
fechando os olhos.

Escreva aqui sua oração:

Não sabeis que de todos os que correm no estádio um só recebe o prêmio?
1Cor 9,24

STATUS: EM ORAÇÃO
MOTIVAÇÕES

Selecione na playlist a música: *Decididamente.* Walmir Alencar e Cassiano Menke. Paulinas/COMEP.

Reflexão do dia

A motivação nos impulsiona a agir, a buscar um objetivo e a concluir aquilo que começamos. Mas o que tem direcionado nossas motivações? Distrações passageiras ou algo que realmente nos faz crescer? Nem toda motivação nos leva a um caminho bom. A mesma energia que nos move pode ser canalizada para construir ou para destruir, para o bem ou para o mal. As escolhas que fazemos moldam quem nos estamos tornando.

Aprender um idioma, praticar um esporte, tocar um instrumento... A vida nos apresenta diversas possibilidades, mas cabe a nós escolher quais recompensas queremos alcançar. O verdadeiro prêmio não está apenas no resultado, mas no processo, por isso, precisamos direcionar nossa motivação para aquilo que nos fortalece, nos faz melhores e nos aproxima de Deus.

 Desafio do dia:

Defina uma meta e dê o primeiro passo hoje!

Escreva aqui sua oração:

STATUS: EM ORAÇÃO
AFINANDO A VIDA

Examinai a vós mesmos se estais na fé, provai a vós mesmos!
2Cor 13,5

Reflexão do dia

Antes de começar a tocar, todo músico sabe que precisa afinar seu instrumento. No violão, por exemplo, as cordas podem desafinar com o tempo, com o uso, com mudanças no clima ou até por estarem novas. Às vezes, um pequeno ajuste em uma única corda já basta para restaurar a harmonia. Assim também acontece com a nossa vida. O tempo passa, as circunstâncias mudam e, sem perceber, podemos nos encontrar fora de sintonia. É por isso que precisamos parar e nos reajustar.

Afinar a vida significa revisar nossas escolhas e buscar retomar a harmonia. Trata-se de dedicar tempo para fortalecermos a fé e cuidarmos da saúde, dos pensamentos e das emoções. Assim como um violão precisa ser afinado, nós também precisamos ajustar-nos constantemente para estar em harmonia com Deus, com os outros e com nós mesmos.

Selecione na playlist a música:
Ao coração cansado.
Bruno Faglioni.
Paulinas/COMEP.

Desafio do dia:

Reavalie suas escolhas e pergunte-se:
"Estou no tom certo? O que preciso mudar para viver mais alinhado ao propósito de Deus?".

Escreva aqui sua oração:

110

Eles, imediatamente, tendo deixado as redes, seguiram-no.
Mt 4,20

STATUS: EM ORAÇÃO
CINCO SEGUNDOS DE CORAGEM

Reflexão do dia

Quantas oportunidades já deixamos escapar por medo, insegurança ou vergonha? Muitas vezes, ficamos paralisados, pensando demais, e, quando percebemos, o momento já passou. Mas e se, por apenas cinco segundos, ignorássemos o medo e nos lançássemos? Cinco segundos podem mudar tudo: o momento de levantar a mão para fazer uma pergunta, de dar o primeiro passo em direção a algo novo. Não significa agir sem pensar, mas escolher não ser refém do medo.

Arriscar-se pode ser assustador, mas o arrependimento de não ter tentado pode ser ainda maior. Nem sempre sabemos o que nos espera do outro lado, mas, se não dermos esse passo, nunca saberemos. A vida acontece quando ousamos sair da zona de conforto. Então, na próxima vez que uma oportunidade surgir, respire fundo, conte até cinco e vá.

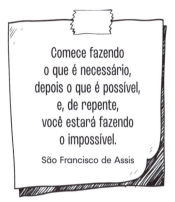

Comece fazendo o que é necessário, depois o que é possível, e, de repente, você estará fazendo o impossível.

São Francisco de Assis

Desafio do dia:

Pense em um medo que precisa vencer e enfrente-o.

Escreva aqui sua oração:

_____
_____
_____

STATUS: EM ORAÇÃO
QUANDO O ESPÍRITO DE DEUS SE MOVE EM NÓS

Davi dançava com todas as suas forças diante do Senhor.
2Sm 6,14

Reflexão do dia

Davi dançava diante da Arca da Aliança, movido por uma alegria que não podia conter. Ele não se preocupava com olhares ou julgamentos, porque o Espírito do Senhor habitava nele, transbordando em louvor. Quando o Espírito de Deus se move em nós, nossa vida ganha um novo ritmo: é como um fogo que faz arder o coração, impulsionando-nos a testemunhar, a servir e a viver com mais intensidade na presença do Senhor. Os frutos do Espírito começam a brotar em nós e não conseguimos guardar essa experiência, pois queremos partilhá-la.

Mas, para que essa chama não se apague, é preciso cultivá-la. Assim como um fogo precisa ser alimentado, nossa vida no Espírito precisa de oração constante, da meditação da Palavra e da sensibilidade para escutar sua voz. Quanto mais nos abrimos à sua presença, mais ele age em nós.

Jovens, se fores aquilo que Deus quer, colocareis fogo no mundo.

Santa Catarina de Sena

Desafio do dia:

Antes de começar suas atividades, peça ao Espírito que guie seus passos.
Ao longo do dia, esteja atento para perceber os frutos dele em você.

Escreva aqui sua oração:

Há mais bem-aventurança em dar do que em receber.
At 20,35

STATUS: EM ORAÇÃO
ENSINE ALGUÉM

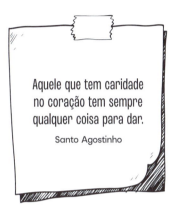
Aquele que tem caridade no coração tem sempre qualquer coisa para dar.
Santo Agostinho

Reflexão do dia

O que é simples pode representar um novo horizonte para alguém. Muitas vezes, imaginamos que todos já sabem o que sabemos, mas a verdade é que cada um carrega dons e conhecimentos únicos. Compartilhá-los não enriquece apenas a vida de outros, mas também a nossa. Ensinar não significa apenas dar aulas em uma sala cheia de alunos; pode ser algo do dia a dia: ensinar um amigo a usar um programa no computador, uma criança a andar de bicicleta ou até alguém a fazer um artesanato. O aprendizado é uma troca e, ao ajudar alguém, também aprendemos. Pense em algo que saiba fazer bem: pode ser um dom, uma habilidade, algo que já fez diferença na sua vida. Agora, imagine como isso pode ajudar outra pessoa.

Desafio do dia:

Compartilhe algo que você sabe: pode ser uma dica útil, um aprendizado ou uma habilidade.

Escreva aqui sua oração:

___
___
___

STATUS: EM ORAÇÃO
VALORIZAR OS MESTRES

Tendo ouvido isso, as multidões ficaram extasiadas com seu ensinamento.
Mt 22,3

Reflexão do dia

Se pararmos para pensar, tudo o que fazemos hoje, de alguma forma, foi algo aprendido com alguém? Desde os primeiros passos até os sonhos realizados, sempre há um mestre por trás: pais, professores, amigos, catequistas... todos contribuem para nossa formação, transmitindo conhecimento, valores e inspiração.

Os professores dedicam sua vida à educação, planejando cada aula e esforçando-se para tornar o aprendizado significativo para os alunos. Os pais ensinam com amor, guiando os filhos na descoberta do mundo. Os catequistas assumem a missão de transmitir a fé, plantando sementes que transformam vidas.

Por trás de toda conquista, há alguém que ensinou, guiou e acreditou em nós. Valorizar aqueles que nos ensinam é reconhecer que não caminhamos sozinhos. Por isso, agradeçamos sempre a todos que nos ajudaram a chegar até aqui.

Selecione na playlist a música: *Humano amor de Deus.*
Padre Fábio de Melo.
Paulinas/COMEP.

Desafio do dia:

Entre em contato com um professor ou alguém que marcou sua vida e expresse sua gratidão.

Escreva aqui sua oração:

"Como podes dizer a teu irmão: 'Irmão, deixa que eu tire o cisco de teu olho', se não vês a trave que há em teu olho?"
Lc 6,42

Não devemos permitir que alguém saia da nossa presença sem se sentir melhor e mais feliz.

Madre Teresa de Calcutá

Desafio do dia:

Sempre que ouvir alguém falar mal de outra pessoa, tente mudar de assunto ou ofereça outra perspectiva.

STATUS: EM ORAÇÃO
FALAR SOBRE O OUTRO

Reflexão do dia

Quase virou um hábito; vem de forma natural. Falar sobre o outro, quando é para elogiar e reconhecer virtudes, pode ser bastante benéfico. Mas, quantas vezes esse assunto não se transforma em uma roda de crítica e julgamentos? Comentamos sobre escolhas que não compreendemos, espalhamos opiniões sem fundamento e, às vezes, damos força para que a vida alheia se torne entretenimento. Esse costume de observar tanto o outro nos rouba a oportunidade de olhar para dentro de nós mesmos. Enquanto julgamos, deixamos de perceber nossos próprios desafios, aquilo que precisamos melhorar, os passos que ainda precisamos dar.

Se for para falar de alguém, que seja para edificar essa pessoa. Que nossas palavras sejam para encorajar e fortalecer, mas nunca para destruir. Pois aquilo que sai da nossa boca tem poder de semear amor, mas também de ferir.

Escreva aqui sua oração:

STATUS: EM ORAÇÃO
ASSUMIR A RESPONSABILIDADE

Mas cada um veja como sobre ele constrói!
1Cor 3,10

Reflexão do dia

Sempre podemos encontrar justificativas para as nossas escolhas e para o caminho que trilhamos. Talvez tenha sido a educação que recebemos, as dificuldades que enfrentamos ou as oportunidades que não tivemos, mas, no fim das contas, o que realmente importa é: O que vamos fazer com tudo isso?

A família e as nossas experiências de vida nos dão um alicerce, mas cabe a nós decidir como vamos construir sobre ele. Ninguém pode viver ou escolher por nós, pois a responsabilidade pelo nosso futuro está em nossas mãos. Podemos continuar culpando outros pelo que nos aconteceu ou assumir o protagonismo da nossa própria história. O que temos feito com as oportunidades que surgem? Como temos lidado com os desafios? Talvez seja hora de assumirmos a responsabilidade por nossa própria vida e construirmos algo bonito com o que já nos foi dado.

Selecione na playlist a música: *Motivos para recomeçar*. Padre Fábio de Melo. Paulinas/COMEP.

 Desafio do dia:

Pense em alguma área da sua vida em que você pode assumir mais responsabilidade e dê um pequeno passo hoje.

Escreva aqui sua oração:

_____
_____
_____

"Senhor, aqui estão as tuas cem moedas que guardei num lenço, pois eu tinha medo de ti."
Lc 19,20

STATUS: EM ORAÇÃO
AGIR APESAR DO MEDO

Reflexão do dia

Jesus contou a parábola de um homem que partiu para longe e deixou seus servos encarregados de negociar suas moedas. Dois deles fizeram o dinheiro render e foram recompensados, mas um, por medo, apenas guardou as moedas e acabou perdendo até o que tinha.

Isso nos faz pensar: Quantas vezes não fazemos o mesmo? Guardamos talentos, projetos e oportunidades por medo de falharmos, de sermos julgados ou de sairmos da nossa zona de conforto? Não agir por medo nos torna pessoas medíocres. Ser medíocre não é ter pouco, mas se contentar com pouco a ponto de não agir. Quem tenta, mesmo que não obtenha retorno, pelo menos tentou. Já quem se esconde no medo, perde oportunidades.

E nós? Estamos colocando nossos dons a serviço? O que temos deixado de fazer por medo? Talvez seja hora de arriscar e agir.

Não nos contentemos com as coisas pequenas. Deus quer coisas grandes!

Santa Catarina de Sena

Desafio do dia:

Reflita sobre as áreas da sua vida em que você tem enterrado seus talentos por medo.

Escreva aqui sua oração:

STATUS: EM ORAÇÃO
A BELEZA DA CRIAÇÃO

Deus viu tudo que fizera; e eis que era muito bom.
Gn 1,31

Reflexão do dia

Quando foi a última vez que paramos para admirar uma flor ou observar o céu ao entardecer? Na correria, muitas vezes, perdemos a capacidade de nos maravilhar com a beleza que Deus colocou em cada detalhe do mundo. A criação é um presente de Deus; desde o funcionamento perfeito do corpo humano até a doçura das frutas, tudo carrega em si a marca desse cuidado de Deus.

Viver essa contemplação é mais do que admiração; é um chamado à gratidão e à responsabilidade. Se reconhecemos que a criação é um dom, devemos então cuidar dela com respeito e zelo. Pequenos gestos, como evitar desperdícios e reduzir a poluição, são maneiras concretas de expressar esse cuidado. Deus nos confiou a guarda da criação, e cada um de nós pode contribuir para que esse mundo continue sendo um reflexo de sua bondade.

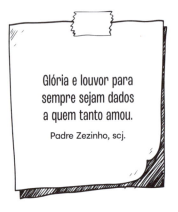

Glória e louvor para sempre sejam dados a quem tanto amou.

Padre Zezinho, scj.

Desafio do dia:

Realize uma ação concreta para a conservação do meio ambiente.

Escreva aqui sua oração:

Bem-aventurados os misericordiosos, porque esses serão tratados com misericórdia.
Mt 5,7

STATUS: EM ORAÇÃO
CORAÇÃO MISERICORDIOSO

Selecione na playlist a música: *Bem-aventuranças*. Álvaro Socci e Claudio Matta. Paulinas/COMEP.

Reflexão do dia

As bem-aventuranças são um chamado à conversão, e a misericórdia faz parte desse caminho. Mais do que um simples sentimento, ser misericordioso é deixar o coração se debruçar sobre a miséria do outro.

A própria palavra misericórdia vem do latim *miseratio* (miséria) e *cordis* (coração), ou seja, ter um coração sensível às dores humanas, movendo-se em direção ao outro. Assim como Deus nos olha com amor e compaixão, somos chamados a fazer o mesmo com aqueles que sofrem. Diante das injustiças do mundo, como equilibrar misericórdia e buscar por justiça? Amar o próximo nos leva a agir com firmeza e compaixão diante do sofrimento alheio. A misericórdia supera a injustiça com amor, buscando transformar com pequenas atitudes tudo o que gera dor e exclusão.

 Desafio do dia:

Realize um gesto concreto de misericórdia: pode ser uma escuta atenta, uma ajuda material ou um ato de justiça.

Escreva aqui sua oração:

_____
_____
_____

STATUS: EM ORAÇÃO
LÁGRIMAS

 Jesus chorou.
Jo 11,35

Reflexão do dia

Diante do sofrimento de uma família, Jesus não apenas consola, mas compartilha a dor com ela e se compadece, mostrando que o amor não é indiferente, mas empático. Seu pranto nos ensina que a fé nos tira do comodismo e nos desperta para sentir a dor do outro.

O Papa Francisco disse aos jovens: "No mundo de hoje falta o pranto! Choram os marginalizados, choram aqueles que são postos de lado, mas aqueles de nós que levamos uma vida sem grandes necessidades não sabemos chorar". A indiferença nos anestesia, tornando-nos insensíveis às dores alheias. Quantas injustiças manifestam-se diante de nós todos os dias? Nós ainda nos abalamos com as injustiças ou já nos acostumamos com elas?

Ser cristão é sentir, amar, agir; as lágrimas de Jesus são um chamado à compaixão e ao compromisso. Peçamos a Deus um coração que chora com os que choram.

Certas realidades da vida só se veem com os olhos limpos pelas lágrimas.

Papa Francisco

 Desafio do dia:

Procure não viver apenas no seu próprio mundo; acompanhe com interesse as notícias e as diversas realidades vividas por outras pessoas.

Escreva aqui sua oração:

Um é o que semeia
e outro é o que colhe.
Jo 4,37

STATUS: EM ORAÇÃO
COLHER E SEMEAR

Selecione na
playlist a música:
*Fez a paz
acontecer.*
Padre Zezinho, scj.
Paulinas/COMEP.

Reflexão do dia

Tudo o que temos hoje é resultado da semeadura de outros. Cada conquista, cada desafio, e até as dificuldades que enfrentamos são frutos do que foi plantado antes de nós. Mas, o que estamos semeando agora para as próximas gerações?

No meio ambiente, na educação, no trabalho e nas relações, nossas escolhas lançam sementes que crescerão com o tempo. Se há crises, guerras e desigualdades, é porque em algum momento se semeou descuido, ambição e indiferença. Mas também colhemos amor, justiça e esperança, que um dia foram plantados. Estamos sempre colhendo e semeando. O presente é o campo onde o passado e o futuro se encontram, e nossa responsabilidade é tornar essa terra fértil para que quem vier depois de nós encontre um solo fértil para colher e semear.

Desafio do dia:

Plante algo!
Pode ser uma flor
ou até uma árvore.

Escreva aqui sua oração:

STATUS: EM ORAÇÃO
DOAR A VIDA

Ninguém tem maior amor do que aquele que dá sua vida em favor dos amigos.
Jo 15,13

Reflexão do dia

Quando pensamos em doação da vida, logo nos vem à mente os mártires, aqueles que entregaram tudo por amor a Cristo. Mas será que doar a vida significa apenas morrer por alguém? Na verdade, é algo que vivemos todos os dias. Doamos a vida quando escolhemos servir, quando renunciamos ao egoísmo para amar alguém. O amor pode se manifestar nos pequenos serviços domésticos, no tempo dedicado a quem precisa, na paciência com as pessoas difíceis. Doar a vida é abrir mão de nossas comodidades para que o outro tenha um pouco mais de alegria e paz.

A cruz não se encontra apenas nos grandes sacrifícios, mas nas pequenas escolhas diárias. Que possamos entregar nossa vida em cada gesto, porque, na verdade, a maior doação é o amor.

A santidade não consiste em fazer coisas extraordinárias, mas em fazer as coisas ordinárias com perfeição extraordinária.

São Francisco de Sales

Desafio do dia:

Abra mão de algo em favor de outra pessoa: pode ser seu tempo, sua atenção ou até mesmo sua vontade.

Escreva aqui sua oração:

_____
_____
_____

Ó Deus, sonda-me e conhece meu coração!
Sl 139,23

STATUS: EM ORAÇÃO
SEM FILTRO

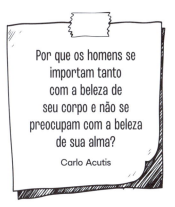

Por que os homens se importam tanto com a beleza de seu corpo e não se preocupam com a beleza de sua alma?

Carlo Acutis

Reflexão do dia

Nas redes sociais, os filtros escondem imperfeições, suavizam traços e transformam rostos. Algumas vezes, mudam tanto a fisionomia, que mal reconhecemos quem está por trás da tela. Mas e na vida real? Quantos filtros usamos para parecer mais fortes, mais felizes, mais bem-sucedidos?

Máscaras e filtros sempre existiram, tentando esconder fragilidades e medos. Mas viver assim, entretanto, é afastar-se de si mesmo. Em algumas fases da vida, pode ser tentador esconder dores e incertezas, mas a verdade sempre encontra seu caminho e vem à tona.

Ser transparente não significa expor tudo a todos, mas ser sincero consigo mesmo e com Deus. Sem filtros, encontramos liberdade para ser quem realmente somos e para crescermos a partir da verdade.

 Desafio do dia:
Tire uma foto sem filtro e, o mais importante, reflita sobre como você pode viver sem filtros no seu dia a dia.

Escreva aqui sua oração:

STATUS: EM ORAÇÃO
QUEM CAMINHA COMIGO RUMO À ESTRELA?

Ficaram extremamente felizes ao ver a estrela.
Mt 2,10

Reflexão do dia

Os magos, quando viram a estrela que indicava o nascimento de Jesus, não hesitaram e a seguiram. A viagem foi longa, cansativa e cheia de incertezas. Penso que em algum momento até pensaram em desistir, porém, eles estavam juntos. Quando o caminho parecia difícil, quando o cansaço pesava, um podia lembrar ao outro do propósito de estarem ali. Eles tinham o mesmo desejo e seguiam na mesma direção.

E nós? Quem caminha conosco rumo à nossa estrela? Quem nos incentiva a continuar quando a jornada se torna desafiadora? Todos nós precisamos de pessoas que compartilhem os nossos sonhos, que nos lembrem por que começamos e nos ajudem a seguir, mesmo diante da vontade de desistir.

Que possamos contar com aqueles que nos cercam e, mais ainda, sermos esse alguém para os outros.

Selecione na playlist a música: *Amigo abrigo*. Walmir Alencar. Paulinas/COMEP.

 Desafio do dia:

Ligue para um amigo, envie uma mensagem ou marque um encontro com alguém que sempre incentiva você a seguir em frente.

Escreva aqui sua oração:

Assim também a fé,
se ela não produz obras,
está completamente morta.
Tg 2,17

STATUS: EM ORAÇÃO
ESPERANÇA ATIVA

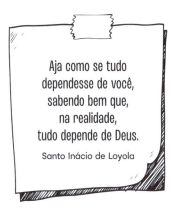

Aja como se tudo
dependesse de você,
sabendo bem que,
na realidade,
tudo depende de Deus.

Santo Inácio de Loyola

Reflexão do dia

Muitas vezes, entendemos a fé como um simples aguardar, como se bastasse confiar e deixar que Deus resolva tudo. Mas a fé verdadeira nos impulsiona; ela nos leva à ação. Nos Evangelhos, vemos que Jesus nunca realizava milagres, sem antes convidar a pessoa a dar um passo. Ele disse ao paralítico: "Levanta-te e anda". Pediu que o cego fosse até o tanque se lavar. Ordenou que Lázaro saísse do túmulo. A graça acontece, mas Deus deseja que participemos dela com nossa atitude e confiança.

Ter uma esperança ativa é exatamente isso: acreditar, mas também agir. Se pedimos por um novo caminho, precisamos dar o primeiro passo. Se buscamos uma mudança, devemos começar o novo. Deus age, mas também nos chama à ação.

 Desafio do dia:

Reflita sobre algo que você pediu na oração e pense em uma atitude concreta para colaborar com essa graça.

Escreva aqui sua oração:

_____
_____
_____

STATUS: EM ORAÇÃO
VESTÍGIOS DA MORTE NA RESSURREIÇÃO

Jesus mostrou-lhes as mãos e os pés.
Lc 24,40

Reflexão do dia

Jesus não escondeu as marcas da cruz, mas fez delas um sinal de sua ressurreição. Às vezes, queremos esquecer as feridas que a vida nos deixou, mas é justamente nelas que encontramos nossa história e nosso aprendizado.

Viver a alegria da ressurreição não é negar as dores que já enfrentamos e as marcas que nos deixaram, mas aprender a olhar para elas reconhecendo que fazem parte de nós. Não precisamos carregar o sofrimento para sempre, mas sim aprender com ele, deixando que nossas cicatrizes reflitam um amor que nos sustentou nos dias difíceis. O Cristo ressuscitado nos ensina que nossas marcas não são sinal de derrota, mas de um caminho superado, de um Deus que nos faz novos sem apagar a nossa história.

Selecione na playlist a música:
Nossa força.
Walmir Alencar.
Paulinas/COMEP.

 **Desafio do dia:**

Escreva sobre algo que deixou marcas em você. Depois, escreva o que aprendeu com essa experiência e como ela fez você crescer.

Escreva aqui sua oração:

Ao sentir a força do vento, temeu e, começando a afundar, gritou: "Senhor, salva-me!"
Mt 14,30

Não perca de vista seu ponto de partida.

Santa Clara de Assis

STATUS: EM ORAÇÃO
RAÍZES PROFUNDAS

Reflexão do dia

Ouvi gritos, senti um impacto forte, caí no chão e tudo o que consegui fazer foi rezar: "Ave, Maria...", as palavras saíram quase sem pensar. Foi esse o meu reflexo diante de um acidente de ônibus que sofri.

Pedro viveu algo parecido, quando andou sobre as águas. Ao perceber a força do vento, sentiu medo e começou a afundar. Diante disso, clamou por Jesus.

Na vida, passamos por tempestades, dúvidas e provações, mas, quando cultivamos nossas bases na fé, no relacionamento com Deus, sabemos a quem pedir socorro. E, assim, ficamos firmes, mesmo que tudo pareça balançar.

Por isso é tão importante fortalecer nossas raízes com escolhas diárias, pois, quando as ondas vierem, seremos como Pedro ao estender a mão: encontraremos apoio naquele que nunca nos deixa afundar.

 Desafio do dia:

Escolha um versículo da Bíblia que fortaleça sua fé e faça dele seu mantra.

Escreva aqui sua oração:

___
___
___

STATUS: EM ORAÇÃO
AMADURECIMENTO

Se o grão de trigo caído na terra não morre, permanece só, mas, se morre, produz muito fruto.
Jo 12,24

Reflexão do dia

O amadurecimento sempre vem acompanhado de mudanças. Basta olhar para as frutas: quando amadurecem, elas caem do pé. O que parece uma queda, na verdade, é o desprendimento daquilo que as sustentou por tanto tempo para cumprir o seu propósito. Assim também acontece conosco.

Muitas vezes, as quedas nos parecem fracassos, mas, na verdade, são apenas etapas do processo. Maturidade não tem a ver com idade, mas com a forma como enfrentamos a vida; e, quanto mais nos prendemos às nossas próprias certezas, mais frágeis nos tornamos. A verdadeira maturidade nos torna livres e abertos à escuta e ao crescimento.

Uma fruta madura se entrega ao seu propósito: torna-se alimento, semente para algo novo. Assim acontece também com quem amadurece de verdade. Quem se conhece, desprende-se do medo e da rigidez e aprende a se doar com liberdade.

Selecione na playlist a música: *A juventude é uma semente.*
Padre Zezinho, scj.
Paulinas/COMEP.

Desafio do dia:

Identifique uma situação em que você pode praticar o desprendimento.

Escreva aqui sua oração:

"Não temas!
A partir de agora,
pescarás homens vivos."
Lc 5,10

STATUS: EM ORAÇÃO
VOCÊ FOI CHAMADO

Reflexão do dia

Vocação é o chamado de Deus para a nossa vida. Porém, não é algo exclusivamente pessoal. Encontramos nossa vocação naquilo que nos faz felizes e, a partir disso, ajudamos no desenvolvimento de outras pessoas. Quando falamos de vocação, podemos pensar em estado de vida, trabalho ou missão pessoal.

Olhar para o chamado que Jesus faz a Pedro nos ajuda a compreender isso: Pedro era pescador – essa era a sua profissão, seu sustento, o que fazia de melhor. Quando Jesus o chama, não apaga sua identidade; ele a eleva, dizendo: "De agora em diante, serás pescador de homens". Assim também acontece conosco, Deus não nos pede que ignoremos quem somos, mas sim que usemos nossos dons para fazer o bem. Nossa vocação é um caminho para amar e servir, afinal, nosso chamado não é só sobre o que fazemos, mas sobre o que nos tornamos ao respondermos "sim" a Deus.

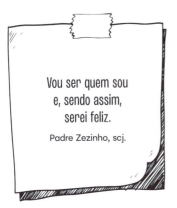

Vou ser quem sou
e, sendo assim,
serei feliz.

Padre Zezinho, scj.

Desafio do dia:

Reflita sobre seus dons e suas habilidades. Como você pode usá-los para fazer o bem e contribuir com o mundo a seu redor?

Escreva aqui sua oração:

STATUS: EM ORAÇÃO
QUE TAL UM SORRISO?

Reveste-se de força
e de dignidade,
e sorri ao dia que vem.
Pr 31,25

Reflexão do dia

Já parou para observar que, quando as pessoas estão em um ambiente e se preparam para eternizar aquele momento com uma fotografia, cada uma se posiciona em um lugar, sorri e aguarda até que a foto seja feita? Em uma época em que todo mundo faz fotos para postar nas redes sociais, o sorriso é uma forma de comunicar felicidade e alegria, mesmo que, muitas vezes, longe das câmeras a felicidade não seja tão real assim.

Sorrir é um ato tão simples, mas que tem um impacto transformador, tanto para quem dá quanto para quem o recebe. Certo dia, uma pessoa conhecida estava sofrendo muito pela perda do pai. Ao reencontrá-la, eu a acolhi com um sorriso e ela me disse: "Esse seu sorriso era o que eu precisava receber". Lembre-se: o seu sorriso pode ser a luz que alguém estava esperando em um dia triste.

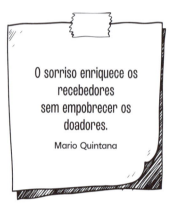

O sorriso enriquece os
recebedores
sem empobrecer os
doadores.

Mario Quintana

Desafio do dia:

Simplesmente sorria
para alguém hoje.

Escreva aqui sua oração:

Honra teu pai e tua mãe!
Ex 20,12

STATUS: EM ORAÇÃO
FAMÍLIA, O ALICERCE SEGURO

Reflexão do dia

Ao observar uma casa sendo feita, fiquei admirada com a solidez e com o tempo gasto no alicerce, e o construtor me disse: "O tempo maior na construção de uma casa é com o alicerce, pois, assim, a casa estará firme e segura". Imediatamente me veio à mente a parábola da casa construída sobre a rocha, que nada derruba.

A família é o alicerce, é a base. Não existe família perfeita. Podemos ter problemas na família, mas ela será sempre o nosso porto seguro no momento em que todos nos abandonarem. É na família que, literalmente, aprendemos a dar os primeiros passos. É nela também que assimilamos alguns valores, como o amor, a tolerância, o respeito, além de aprendermos a conviver com as diferenças.

Quando os momentos difíceis da vida surgem, precisamos do apoio familiar para continuar seguindo em frente.

Que nenhuma família termine por falta de amor.

Padre Zezinho, scj.

Desafio do dia:

Poste uma foto com sua família em alguma rede social.

Escreva aqui sua oração:

_____
_____
_____

STATUS: EM ORAÇÃO
FILTRE SUAS AMIZADES!

Um amigo fiel é um sólido refúgio; quem o encontra, encontra um tesouro.
Eclo 6,14

Reflexão do dia

Os amigos de verdade são um presente, e são raros. Por isso, também as amizades precisam ser avaliadas e passadas por um filtro. Uma amizade é verdadeira quando nos deixa livres para ser quem somos e quando nos leva a crescer como pessoas.

Existe também a amizade mística, que representa um vínculo espiritual profundo entre duas pessoas. Trata-se de uma relação baseada na busca de Deus e na vivência da fé. Nela, são compartilhados momentos de alegrias e de dificuldades, mas também o desejo de santidade e a vida de oração. Essa forma de amizade foi vivida por São João da Cruz e Santa Teresa de Ávila e, também, por São Francisco de Assis e Santa Clara.

Quando um amigo não nos conduz para o caminho do bem, devemos procurar imediatamente nos afastar, pois essa pessoa não é adequada para caminhar ao nosso lado no percurso da vida.

Como as plantas, a amizade não deve ser nem muito nem pouco regada.

Carlos Drummond de Andrade

Desafio do dia:

Reze por um amigo que enfrenta alguma situação difícil.

Escreva aqui sua oração:

Sou eu o Caminho, a Verdade e a Vida. Ninguém vai ao Pai senão por mim.
Jo 14,6

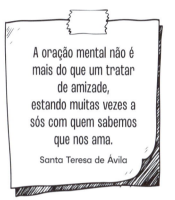

A oração mental não é mais do que um tratar de amizade, estando muitas vezes a sós com quem sabemos que nos ama.

Santa Teresa de Ávila

Desafio do dia:

Reserve alguns minutos do seu dia e converse com Jesus.

STATUS: EM ORAÇÃO
TENHA JESUS COMO AMIGO

Reflexão do dia

Com um amigo de confiança, partilhamos o que de mais secreto temos em nosso interior. Da mesma forma, deve acontecer com Jesus. Ele é o nosso amigo, e a nossa relação com ele precisa ser de total abertura. Assim como ansiamos pelo encontro com uma pessoa amiga, sentimos o desejo de estar na presença de Jesus. A oração é uma forma de encontro de amor.

Jesus está sempre de braços abertos e ouvidos atentos para nos acolher e escutar. Partilhemos com Cristo tudo o que se passa dentro de nós. Ele caminha conosco e espera que abramos o nosso coração para ele.

Ao confiarmos tudo a Jesus, nossa vida se transforma. Ele é o Mestre que nos ensina a olhar com fé para os acontecimentos do dia a dia, a amar, a perdoar e a querer o bem, até mesmo de quem não gosta de nós.

Escreva aqui sua oração:

_____
_____
_____

STATUS: EM ORAÇÃO
DEUS O AMA MUITO!

Visto que foste valioso a meus olhos e honrado, e eu te amei.
Is 43,4

Reflexão do dia

Podemos duvidar de muitas coisas e questionar tantas outras, pois isso faz parte do amadurecimento e do conhecimento humano. Mas nunca devemos duvidar do quanto Deus nos ama e de que somos seus filhos muito amados. Em qualquer circunstância da vida, Deus não cansa de nos amar com um amor infinito. Ele é amor, e desde sempre nos amou: "Amei-te com um amor eterno" – Jr 31,3. Coisas ruins podem ter acontecido ao longo da nossa trajetória, seja por nossas escolhas, seja pela decisão de outras pessoas. Pode ser que já nos tenhamos sentido abandonados por aqueles que deveriam amar-nos, nosso pai e nossa mãe, mas: "Ainda que meu pai e minha mãe tenham-me abandonado, o Senhor me acolhe" – cf. Sl 27,10.

Nos momentos mais difíceis da vida, sentimos que Deus nos carrega no colo, como a um filho nos braços do pai.

O amor é o começo, o meio e o fim do caminho para Deus, como também para os irmãos.

Santo Agostinho

Desafio do dia:

Reflita sobre como se sente amado por Deus.

Escreva aqui sua oração:

É o que dá força ao cansado e ao sem poder multiplica plenipotência.
Is 40,29

STATUS: EM ORAÇÃO
INSPIRE E EXPIRE!

Reflexão do dia

A sociedade em que estamos inseridos é a da produtividade, quanto mais se produz, mais se é valorizado. Por conta disso, há uma pressão externa que acaba gerando muita cobrança da nossa parte. Quando nos cobramos além das nossas possibilidades, para corresponder a uma exigência de fora, ficamos esgotados. Mesmo depois de uma boa noite de sono, continuamos exaustos.

Quantas vezes acabamos aceitando todos os convites que recebemos, dizendo sim para todas as demandas que vão surgindo. Com isso, o planner ou a agenda do celular acabam ficando sem um espaço de respiro. O que está por trás disso? Quais consequências nos traz?

O esgotamento é um aviso de que precisamos fazer uma pausa, de que temos de respeitar o nosso corpo e os nossos processos e de que é necessário deixar algumas coisas de lado para termos uma vida mais leve e integrada.

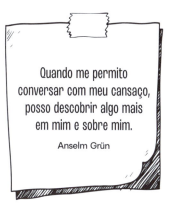

Quando me permito conversar com meu cansaço, posso descobrir algo mais em mim e sobre mim.

Anselm Grün

Desafio do dia:

Pense em alguma situação que você precisa dizer não.

Escreva aqui sua oração:

_____
_____
_____

STATUS: EM ORAÇÃO
OLHE PARA A CRUZ!

Se alguém quiser vir atrás de mim, negue-se a si mesmo, tome cada dia sua cruz e siga-me!
Lc 9,23

Reflexão do dia

Existe um ditado que resume bem a sabedoria das mães: "Se não cresce pelo amor, cresce pela dor". Mãe sempre tem razão! A dor nos faz crescer. Mesmo nos momentos em que os ventos são contrários e os desafios parecem ser maiores do que nossas próprias forças, há sempre algo a aprender.

Para os que têm fé, nada do que acontece é por acaso, e até a dor tem algum sentido.

Não existe atitude que nos fortaleça mais, em um momento de sofrimento, do que contemplar Jesus na cruz – a maior prova do amor de Deus, que entregou o seu Filho único para nos salvar.

O apóstolo São Paulo é modelo no seguimento de Jesus. Ele sofreu perseguições, naufrágios, frio, fome, incompreensões. Mas o que lhe dava força em meio às dificuldades? Jesus crucificado e ressuscitado.

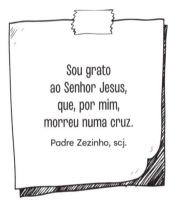

Sou grato ao Senhor Jesus, que, por mim, morreu numa cruz.

Padre Zezinho, scj.

Desafio do dia:

Tome um crucifixo nas mãos e contemple Jesus na cruz.

Escreva aqui sua oração:

Não sabeis que vosso corpo é santuário do Espírito Santo?
1Cor 6,19

STATUS: EM ORAÇÃO
REFLEXO DO INTERIOR

Reflexão do dia

Com certeza, conhecemos alguém que, ao entrar em uma farmácia, logo procura uma balança ou que não passa um dia sem usar a balança digital em casa. A sociedade atual supervaloriza o corpo bonito e o padrão de beleza estabelecido pela mídia. Claro que é preciso manter nosso corpo saudável, afinal, ele é uma obra-prima de Deus. No entanto, sua importância vai muito além da estética; ele reflete o nosso interior, que também precisa ser "malhado" para dar bons frutos.

Quem nunca conheceu uma pessoa que, por fora, possuía um corpo escultural, mas que, ao se expressar verbalmente, demonstrava tamanha arrogância e autossuficiência, que toda a beleza exterior perdia o brilho. A verdadeira beleza vem de dentro, e, sem dúvida, essa luz interior é capaz de iluminar todos que estão ao nosso redor.

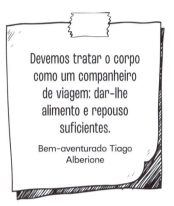

Devemos tratar o corpo como um companheiro de viagem: dar-lhe alimento e repouso suficientes.

Bem-aventurado Tiago Alberione

Desafio do dia:

Dar atenção à sua beleza interior.

Escreva aqui sua oração:

STATUS: EM ORAÇÃO
CUIDE DAS SUAS RAÍZES

Ouve teu pai,
que te gerou,
e não desprezes tua mãe,
quando for velha!
Pr 23,22

Reflexão do dia

Quem já teve a oportunidade de conviver com algum idoso? Quem já fez a experiência de acompanhar um idoso em algum lugar e, de forma instintiva, teve que diminuir o passo para andar no mesmo ritmo que ele? Ou talvez o tenha ajudado a resolver algum problema no celular? Pode até ter sido "técnico de tecnologia" do celular do seu avô ou avó? Os idosos ficam sempre muito agradecidos. Algo que, para nós, é simples de ser resolvido, para eles pode ser complexo e difícil, pelo pouco conhecimento das ferramentas tecnológicas.

O Papa Francisco incentiva que as gerações se relacionem e convivam juntas. Ele destaca que os jovens podem aprender com os idosos, e vice-versa. E sugere que não percamos o contato com os idosos, pois eles são a memória da vida e têm muito a nos ensinar.

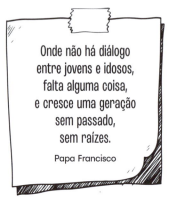

Onde não há diálogo entre jovens e idosos, falta alguma coisa, e cresce uma geração sem passado, sem raízes.

Papa Francisco

 **Desafio do dia:**

Se você tiver avós vivos, faça uma visita a eles ou a algum idoso.

Escreva aqui sua oração:

_____
_____
_____

Vinde a mim todos os que estais cansados e sobrecarregados, e eu vos darei descanso!
Mt 11,28

STATUS: EM ORAÇÃO
"BORA" FAZER UM *DETOX* DIGITAL?

Reflexão do dia

Os smartphones já se tornaram quase uma extensão do corpo humano. Se, em algum momento, eles são esquecidos, a sensação é de que alguma coisa está faltando, tamanha a dependência que eles provocam. Costumamos comumente dizer: "Terminou a minha bateria". Mas não foi a nossa "bateria" que descarregou, mas sim a do aparelho.

Um sinal de alerta precisa começar a acender quando o celular passa a ser um vício, quando ficamos tão reféns do aparelho, que a impressão é de que não podemos mais viver sem ele.

É necessário fazermos algumas reflexões: "Sinto-me dependente do celular?" "Isolo-me por horas conectado ao aparelho, ficando distante da realidade concreta?" "Estou sempre conectado?" "Fico incomodado quando não recebo uma resposta imediata ao recado enviado em um aplicativo de mensagens?"

> O desejo de conexão digital pode acabar por nos isolar do nosso próximo.
>
> Papa Francisco

Desafio do dia:

Fique um tempo desconectado, longe das redes sociais ou dos aplicativos de mensagens.

Escreva aqui sua oração:

_____
_____
_____

STATUS: EM ORAÇÃO
CUIDADO, FRÁGIL!

Quando sou fraco, então é que sou forte.
2Cor 12,10

Reflexão do dia

Quando viajo, chama a minha atenção as caixas que são transportadas com uma identificação em letras maiúsculas: CUIDADO, FRÁGIL!, indicando que há um objeto delicado que precisa ser manuseado com cuidado. Nós, seres humanos, também somos frágeis e limitados, e isso é parte da realidade humana.

São Paulo recordou, em carta enviada à comunidade de Gálatas, que foi acolhido entre eles quando estava enfermo. O apóstolo experimentou na própria carne fraqueza, sofrimentos, limites físicos, angústias, perseguições e fracassos, vividos por causa de Cristo. Com o seu exemplo, aprendemos que não precisamos envergonhar-nos diante das nossas limitações, mas sim assumi-las. Deus nos chama a seu serviço e nos capacita com a sua graça, que vem em socorro da nossa fraqueza.

Selecione na playlist a música: *Fragilidade*. Jorge Trevisol. Paulinas/COMEP.

Desafio do dia:

Busque acolher com paciência uma fragilidade sua.

Escreva aqui sua oração:

Há mais bem-aventurança em dar do que em receber.
At 20,35

STATUS: EM ORAÇÃO
VISITE SEU ARMÁRIO!

Reflexão do dia

Vivemos numa cultura fortemente marcada pelo estímulo ao consumo e à aquisição incessante de bens, onde o ter é mais valorizado que o ser. As pessoas são prestigiadas pela casa que têm, pelo carro que dirigem, pelo saldo em sua conta bancária ou pela roupa de marca que vestem.

Porém, o valor de uma pessoa não deve ser medido pelo que ela tem. O que não significa que não devamos trabalhar para conquistar uma casa digna e confortável, um carro para nos locomovermos ou boas roupas para vestir.

Quantas vezes compramos de forma impulsiva? Quantas peças temos em nosso armário, sem uso, durante anos? Dizem que existe uma regra que é assim: se depois de um ano não usamos uma roupa, é porque ela já não nos pertence mais.

> Doar significa entregar um bem nas mãos de um outro sem receber qualquer coisa em troca.
>
> Frase extraída de: *Dom e perdão*, de Enzo Biachi.

Desafio do dia:

Selecione alguma roupa para doação.

Escreva aqui sua oração:

STATUS: EM ORAÇÃO
A TI TAMBÉM!

Nos escolheu, antes da fundação do mundo, para sermos santos.
Ef 1,4

Reflexão do dia

Na *Gaudete et Exultate*, sobre a chamada à santidade no mundo atual, a você também é feito o convite à santidade. Podemos achar que estamos longe da possibilidade de ser santos. O Papa Francisco diz nesse documento: "Todos somos chamados a ser santos, vivendo com amor e oferecendo o próprio testemunho nas ocupações do dia a dia, onde cada um se encontra".

O Papa Francisco deu um exemplo concreto de pequenos gestos que são caminhos de santidade. Por exemplo: "Uma senhora vai ao mercado fazer compras e encontra uma vizinha. Então, começam a conversar e surgem as críticas. Mas esta mulher diz para consigo: 'Não! Não falarei mal de ninguém'. Isso é um passo rumo à santidade". Desejemos a santidade!

Esta santidade, a que o Senhor te chama, irá crescendo com pequenos gestos.

Papa Francisco

Desafio do dia:

Não falar mal de ninguém.

Escreva aqui sua oração:

Sede cautelosos como serpentes e inofensivos como pombas!
Mt 10,16

STATUS: EM ORAÇÃO
ATENÇÃO!

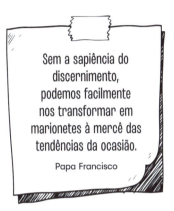

Sem a sapiência do discernimento, podemos facilmente nos transformar em marionetes à mercê das tendências da ocasião.

Papa Francisco

Reflexão do dia

Hoje em dia, todos nós estamos expostos a inúmeras possibilidades de distrações. É comum navegarmos em várias telas simultaneamente, enquanto somos bombardeados por uma avalanche de informações de todos os lados. Nas redes sociais, seguimos várias pessoas, sejam elas conhecidas pessoalmente ou não. Curtimos, acompanhamos, compartilhamos postagens de inúmeros *influencers* e passamos horas e horas diante de uma tela de smartphone, consumindo conteúdos sobre diversos temas. Mas será que já paramos para observar o impacto das redes sociais em nosso dia a dia?

Em meio a tantas influências e distrações, torna-se fundamental desenvolver um senso crítico para não nos deixarmos conduzir pelas tendências passageiras. Temos critérios para discernir quem devemos seguir ou apenas nos deixamos levar pelas tendências do momento?

 Desafio do dia:

Que tal fazer uma limpeza no seu *feed* e deixar de seguir alguém que não está fazendo bem a você?

Escreva aqui sua oração:

STATUS: EM ORAÇÃO
SEJA UM MISSIONÁRIO DIGITAL

Indo por todo o mundo, proclamai o Evangelho a toda criatura!
Mc 16,15

Reflexão do dia

Sabia que é possível ser missionário sem sair de casa? Como? Por meio do seu smartphone. O ambiente digital também é um lugar para comunicar, às pessoas, Jesus Mestre, Caminho, Verdade e Vida.

Isso é tão real que, nos dias atuais, diversas pessoas usam as redes sociais digitais e outras plataformas *on-line* para transmitir mensagens religiosas e espirituais, tornando-se um verdadeiro fenômeno entre os influenciadores digitais da fé.

Todo cristão que tem um perfil em qualquer rede social é chamado a dar testemunho de sua fé também nesses espaços. As redes sociais são uma oportunidade de expressar a sua vivência cristã com uma vida coerente, tanto no ambiente digital quanto fora dele. Hoje, não se fala mais em *on-line* e *off-line*, mas sim em *on-life*, o que quer dizer que os dois ambientes estão interligados.

Felizes os passos de quem evangeliza o bem, de quem evangeliza a paz.

Bem-aventurado Tiago Alberione

Desafio do dia:

Postar nos *stories* uma frase bíblica que acompanhe você.

Escreva aqui sua oração:

Bem-aventurados os pobres em espírito, porque deles é o Reino dos Céus.
Mt 5,3

STATUS: EM ORAÇÃO
SER SIMPLES

Nunca se deve complicar o que pode ser feito de maneira simples.

Zilda Arns

Reflexão do dia

Observemos como uma criança brinca: ela transforma um simples brinquedo em algo mágico e se entretém por horas, como se o mundo parasse. São esses momentos simples que se tornam os mais marcantes da vida e criam memórias.

Essa simplicidade precisa se estender também aos nossos relacionamentos. Um convite para um café, um telefonema a uma pessoa amiga, uma conversa despretensiosa, uma partida de futebol... são formas de encontro que expressam amizade. Como é agradável conviver e conhecer pessoas simples, naturais, transparentes. Pessoas descomplicadas, de quem é possível se aproximar, criar vínculos e tornar tudo mais leve.

Um bispo brasileiro foi a Roma e teve a oportunidade de saudar o Papa Francisco. Partilhou o seguinte sobre o pontífice: "É tão simples que parece que você é conhecido de muito tempo".

 Desafio do dia:

Entre em contato com alguém com quem não conversa há bastante tempo.

Escreva aqui sua oração:

_____
_____
_____

STATUS: EM ORAÇÃO
TEMPERO DE MÃE

Alegrem-se teu pai e tua mãe, exulte aquela que te deu à luz!
Pr 23,25

Reflexão do dia

Já visitei e morei em vários estados brasileiros e também residi por um período na Itália, conhecida pela sua alta gastronomia, e posso afirmar que em nenhum lugar saboreei uma comida mais gostosa que a da minha mãe Maria. Toda vez que quero fazer algum prato diferente, ela me dá ótimas dicas culinárias. Basta fazer uma ligação de vídeo e pedir o passo a passo da receita.

A velha história de que comida de mãe é sempre mais gostosa é verdade. E, ao falar de mãe, incluo também irmã, vó, tia, madrasta, madrinha.

Os pratos mais simples são os mais saborosos e têm um sabor especial, o tempero do amor, trazendo memórias afetivas da infância. E aquele chazinho preparado com carinho e levado na cama, quando se está gripado...? Ah, o coração já fica aquecido em apenas recordar.

Selecione na playlist a música: *Mãe*.
Padre Joãozinho.
Paulinas/COMEP.

Desafio do dia:

Fazer as refeições com calma, saboreando os alimentos.

Escreva aqui sua oração:

_____
_____
_____

Lançando-se ao pescoço de Paulo, o beijavam.
At 20,36

STATUS: EM ORAÇÃO
ABRACE MUITO!

Reflexão do dia

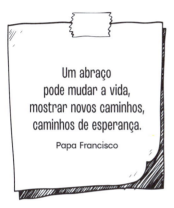

Um abraço pode mudar a vida, mostrar novos caminhos, caminhos de esperança.

Papa Francisco

Um abraço aquece a alma e aproxima coração com coração. Como é bom receber o carinho de alguém por meio de um caloroso abraço cheio de afeto e gratidão. Existem diversos tipos de abraços: entre pais e filhos, amigos, namorados, de despedida, de saudade. Apesar de tantas variações, uma coisa é certa: todos revelam amor.

Sem palavras, o gesto de abraçar comunica muito. Transmite conforto, estima, proximidade e fortalece laços em momentos de reencontro. Um abraço conecta duas pessoas, e casais que se dedicam a cultivar o relacionamento sabem o quanto esse gesto faz bem. Pelo abraço, você se entrega à outra pessoa.

No período da pandemia da Covid-19, percebemos o quanto o abraço faz falta e como é difícil viver sem essa manifestação de carinho.

Desafio do dia:

Abrace alguém.

Escreva aqui sua oração:

_____
_____
_____

STATUS: EM ORAÇÃO
ADEUS, PROCRASTINAÇÃO!

 Para tudo há uma época, e um tempo para todo propósito sob os céus.
Ecl 3,1

Reflexão do dia

Sabe aquele projeto que há tempo elaboramos em alguma lista de metas a cumprir, mas nunca tivemos disposição para colocá-lo em prática? A hora chegou. Pode ser que fomos procrastinando por acharmos que não conseguiríamos, ou melhor, por acharmos que não éramos suficientemente bons. Pode ser que, de forma sutil, demos espaço para a autossabotagem, que se manifesta por meio de pensamentos negativos, medo de fracassar, ou também pelo pensamento de que tudo precisa sair perfeito. Essas são barreiras internas. Sabendo disso, o que precisamos alimentar é uma maior autoconfiança e uma menor autocrítica. Arrisquemo-nos e iremos nos surpreender. Precisamos acreditar em nós mesmos!

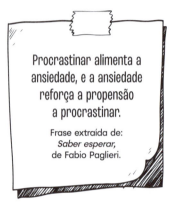

Procrastinar alimenta a ansiedade, e a ansiedade reforça a propensão a procrastinar.

Frase extraída de: *Saber esperar*, de Fabio Paglieri.

 **Desafio do dia:**

Inicie um projeto que você estava procrastinando.

Escreva aqui sua oração:

_____
_____
_____

Muito cedo, ainda escuro, tendo-se levantado, saiu e afastou-se para um lugar deserto, e ali orava.
Mc 1,35

STATUS: EM ORAÇÃO
BUSQUE O SILÊNCIO

O exercício do silêncio e a prática da palavra são inseparáveis na vida de qualquer pessoa.

Extraído de: *Pedagogia do silêncio*, de Eder Vasconcelos.

Reflexão do dia

A todo momento somos empurrados para fora de nós mesmos, vivendo em uma sociedade do barulho. São tantos os ruídos que nos levam a viver dispersos e acelerados: mensagens para responder, responsabilidades da escola ou da faculdade, demandas do trabalho para atender, preocupações pessoais, familiares etc. O silêncio nos devolve a nós mesmos, pois possui uma capacidade imensa de reorganizar a nossa morada interior. Coloca em ordem nosso caos. Ao fazer a escolha de ficar a sós com nós mesmos, para revisitar e dar "nome" ao que estamos sentindo, pensando, as coisas vão se ajeitando. É fundamental fazer silêncio para nos reconectarmos com nós mesmos, com o outro e com Deus. Dessa forma, é possível ter inteireza para lidar com os desafios da vida.

Precisamos fazer o que Jesus fazia, retirar-nos da agitação do cotidiano frenético e ficarmos a sós com nós mesmos e com Deus.

 Desafio do dia:

Retire-se e fique a sós e em silêncio, em algum momento do dia.

Escreva aqui sua oração:

STATUS: EM ORAÇÃO
VAMOS RECICLAR?

Deus viu tudo que fizera; e eis que era muito bom.
Gn 1,31

Reflexão do dia

Os meios de comunicação vêm mostrando os grandes desequilíbrios ambientais e as crises climáticas em todo o mundo. O planeta está pedindo socorro, gritando por mudanças. E a mudança começa a partir de cada um de nós, dentro de nossas casas.
Na Carta encíclica *Laudato Si'*, o Papa Francisco afirma: "Quando pensamos na situação em que se deixa o planeta às gerações futuras, entramos noutra lógica: a do dom gratuito, que recebemos e comunicamos. Somos nós os primeiros interessados em deixar um planeta habitável para a humanidade que vai suceder-nos". Quando tivermos consciência de que a nossa casa comum é de todos e que cada um é responsável por ela, agiremos para transformá-la em um lugar melhor para se viver.

Não somos Deus.
A terra existe antes de nós e foi-nos dada.
Laudato Si', n. 67.

Desafio do dia:

Fazer a coleta seletiva do lixo.

Escreva aqui sua oração:

Para tudo há uma época, e um tempo para todo propósito sob os céus.
Ecl 3,1

STATUS: EM ORAÇÃO
TEMPO, VÁ DEVAGAR!

Reflexão do dia

Não se tem a impressão de que o tempo está passando mais rápido? Quando menos se espera, já é Natal novamente. Existe o tempo *Chronos*, aquele do relógio, que é medido em horas, minutos e segundos, mas também o tempo *Kairós*, que não se pode medir, que é a passagem de Deus pela nossa vida.

O *Kairós* é o tempo da graça, da manifestação de Deus em nossa vida, em nosso cotidiano. Estejamos atentos a isso. Pois, no dia a dia, Deus pode se tornar palpável para nós. Essa comunicação de Deus pode se dar por meio de um texto bíblico, da palavra que alguém nos dirige, dizendo exatamente o que precisávamos escutar naquele momento, do acompanhamento espiritual, da homilia do padre em uma missa... Por isso, é importante educarmos os nossos ouvidos e olhos para perceber Deus que se manifesta como a brisa suave na rotina do dia a dia.

> Considere que Deus está presente entre as panelas e as frigideiras e que ele está a seu lado nas tarefas interiores e exteriores.
>
> Santa Teresa de Ávila

Desafio do dia:

Cuide de cada minuto vivido.

Escreva aqui sua oração:
_____
_____
_____

STATUS: EM ORAÇÃO
FRUTOS DO ESPÍRITO SANTO

Se vivemos pelo Espírito, também sigamos o Espírito!
Gl 5,25

Reflexão do dia

Na Carta de São Paulo aos Gálatas, encontramos a relação dos frutos do Espírito Santo: amor, alegria, paz, paciência, benignidade, bondade, fidelidade, amabilidade, autodomínio.

Ao vivermos esses dons, damos testemunho vivo do Evangelho. Eles não são vividos de forma isolada, mas em comunidade. Para dar testemunho, o cristão precisa desenvolver em sua vida esses frutos. Assim, será uma luz no ambiente em que vive.

O cristão é chamado a abrir o coração à ação do Espírito Santo, permitindo que seus gestos, atitudes e escolhas reflitam os frutos do Espírito na construção de um mundo mais justo e fraterno. Ao cultivar a tolerância, o diálogo e a paz, ele contribui para que as grandes guerras e os conflitos do dia a dia sejam substituídos pela concórdia e pela compreensão mútua. Peçamos essa graça com confiança ao Espírito Santo.

O nosso companheiro de caminhada é o Espírito Santo.

Papa Francisco

Desafio do dia:

Olhe para a sua vida e veja quais frutos do Espírito Santo estão mais presentes.

Escreva aqui sua oração:

Escuta, ó Israel: o Senhor, nosso Deus, o Senhor é único!
Dt 6,4

STATUS: EM ORAÇÃO
ESCUTAR COM O CORAÇÃO!

Reflexão do dia

Todo mundo deseja falar, mas quantos estão dispostos a escutar? Cada pessoa tem a necessidade de ser ouvida. No ritmo frenético em que vivemos, com todos sempre apressados e de olhos voltados para a tela do smartphone, parece que ninguém escuta ninguém. Nós podemos até ouvir, mas escutar de verdade é algo mais empenhativo.

A escuta exige tempo, abertura e atenção. É preciso captar não apenas o que foi dito em palavras, mas também o que foi comunicado nas entrelinhas, com o gestual, o olhar, a postura. Escutar com o coração significa não fazer pré-julgamentos e, enquanto o outro estiver falando, fazer um esforço de não arquitetar nem formular uma resposta em pensamento.

Sempre vejo anunciados cursos de oratória. Nunca vi anunciado curso de escutatória.

Rubem Alves

Desafio do dia:
Procure escutar o outro até o fim, sem interromper sua fala.

Escreva aqui sua oração:

STATUS: EM ORAÇÃO
SABOREIE A VIDA!

Uma coisa pedi ao Senhor, somente esta procuro: assentar-me na casa do Senhor, todos os dias de minha vida.
Sl 27,4

Reflexão do dia

Conforme os anos vão se passando, vamos entendendo que a vida é um sopro. Não temos tempo a perder. A vida passa rápido!

Ao percebermos o quanto é valioso cada instante, não ficamos presos a coisas insignificantes, picuinhas, brigas desnecessárias. Quanto tempo perdemos, deixando que as desavenças, o ciúme, as competições, a inveja e as mágoas do passado afetem nosso relacionamento com as pessoas próximas.

Não há tempo a perder, o presente é hoje. O passado ficou para trás e o futuro não sabemos se teremos, então o que nos resta é viver com plenitude o aqui e agora. É muito bom viver e saborear cada novo amanhecer, que traz um dia inteiro para ser degustado com alegria, responsabilidade e gratidão. Uma jornada para fazer o bem!

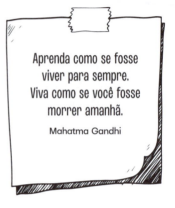

Aprenda como se fosse viver para sempre.
Viva como se você fosse morrer amanhã.

Mahatma Gandhi

Desafio do dia:

Coloque uma música e dance.

Escreva aqui sua oração:

Maria partiu sem demora para uma cidade na região montanhosa de Judá.
Lc 1,39-40

STATUS: EM ORAÇÃO
AME MAIS!

Amar, amar mais,
amar melhor,
amar sempre
e amar de verdade.

Santa Teresa de Calcutá

Reflexão do dia

Quando Jesus toca a nossa vida, sentimos nosso coração sintonizado com o Mestre e fazemos a experiência de ser amado por ele. Não há outro caminho para corresponder a esse amor, a não ser nos doarmos ao outro.

Com a própria vida, Jesus nos ensina isso. Ele era sensível às pessoas que chegavam perto dele, acolhia a todos, ia além dos estereótipos e não julgava. Jesus não tinha preconceitos, ao contrário, recebia a todos. Seguir Jesus significa imitar seu estilo de vida.

Nossas atitudes são o testemunho do amor. Assim como Nossa Senhora, que, com Jesus em seu ventre, foi prestar auxílio a sua prima Isabel que também estava grávida. O amor exige gestos concretos. Como afirma São Tiago: "Assim também a fé: se ela não produz obras, está completamente morta" (cf. Tg 2,17).

 Desafio do dia:

Comprometa-se com o outro. Esteja atento para ajudar.

Escreva aqui sua oração:

_____
_____
_____

STATUS: EM ORAÇÃO
AS REDES SOCIAIS DEFINEM VOCÊ?

 Eis que te gravei sobre as palmas de minha mão.
Is 49,16

 Reflexão do dia

Você já percebeu que a vida parece perfeita nas redes sociais? Normalmente, as pessoas postam somente os bons momentos nos seus perfis, que não refletem exatamente a realidade como ela é; é apenas um recorte. Quantas vezes, ao postarmos algo, "maquiamos" o que gostaríamos de compartilhar, para dar uma melhor impressão!

Conheço uma jovem que possui um rosto e um corpo lindos. Um dia, fomos tomar um lanche. O namorado dela estava junto. Conversávamos sobre diversos assuntos. Em dado momento, percebi um certo desconforto por parte dela, quando estávamos falando sobre beleza. O namorado olhou para mim e disse: "Você acredita que ela está descontente? Se compara com as *influencers* que segue no Instagram". Fiz uma pausa e pensei: "Como pode? Ela é tão linda!". Sim, como tantos outros jovens, ela se compara e se sente inferior. Isso é algo que acontece muito em nossa sociedade.

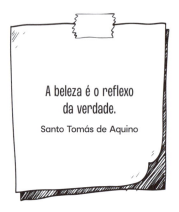

A beleza é o reflexo da verdade.

Santo Tomás de Aquino

 **Desafio do dia:**

Compartilhe uma foto sua em uma rede social, sem usar filtros.

Escreva aqui sua oração:

Vinde vós, a sós, a um lugar deserto e descansai um pouco.
Mc 6,31

STATUS: EM ORAÇÃO
OUÇA O SILÊNCIO!

Reflexão do dia

Em um retiro que participei, de oito dias, o pregador dizia nos primeiros dias: "O silêncio nos devolve a nós mesmos". O quanto isto é verdadeiro! O silêncio nos conduz ao encontro com a nossa verdade interior, com a nossa essência, além de nos levar a ouvir Deus e os outros. O silêncio nos ensina muito!

Quem mora em grandes centros urbanos, percebe o quanto o silêncio é escasso, pois há barulho por todos os lados. Também nas pequenas cidades. Mas, como fazer silêncio, em uma sociedade do ruído, do barulho? É possível?

Sim, é possível! Podemos reservar, em nosso *planner* diário, semanal, mensal, alguns momentos de silêncio que levem ao contato com nosso interior. Precisamos nos exercitar a ficar em silêncio, sem procurar recursos para preencher esse espaço. Muitas vezes, fugimos do silêncio. Que possamos permitir-nos curtir a nossa própria companhia.

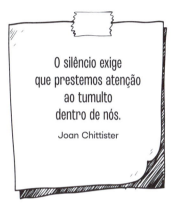

O silêncio exige que prestemos atenção ao tumulto dentro de nós.
Joan Chittister

Desafio do dia:

Fique a sós consigo mesmo em algum momento do dia.

Escreva aqui sua oração:

_____
_____
_____

STATUS: EM ORAÇÃO
REVEJA A FORMA DE FALAR!

Como é agradável uma palavra no tempo certo.
Pr 15,23

Reflexão do dia

É importante pararmos para analisar a forma como falamos? O volume da voz, a entonação, a velocidade? Da mesma forma que é importante saber *o que* falar, precisamos aprender *como* falar. Isso impacta muito a nossa comunicação. Vamos imaginar o seguinte cenário: convidamos um amigo para sair, seja ir ao cinema, ao parque, tomar um café etc., mas ele nunca aceita, pois seu estilo é mais caseiro. Isso é algo que nos deixa irritados, pois acontece frequentemente. Em vez de falarmos: "Você nunca aceita sair para lugar nenhum!", sem ataque, sem cobrança e de maneira respeitosa, podemos expressar nossos sentimentos da seguinte forma: "Quando não aceita os convites que lhe faço para sair, eu me sinto frustrado. Você poderia considerar sair comigo alguma vez?". A forma de falar e os termos usados na comunicação impactam nas relações.

Encontro abrigo quando falo contigo.

Emily Dickinson

Desafio do dia:

Observe, ao longo do dia, a forma como você fala!

Escreva aqui sua oração:

_____
_____
_____

Amai vossos inimigos e orai pelos que vos perseguem.
Mt 5,44

STATUS: EM ORAÇÃO
PERDÃO É LIBERTAÇÃO

Reflexão do dia

O perdão é uma decisão. Ouvi esta afirmação algumas vezes ao longo da minha vida. Mas isso era apenas teoria para mim, até eu fazer a experiência de ser machucada e humilhada. A partir daí comecei a carregar ressentimento pela pessoa que me feriu.

Não é fácil perdoar, e isso exige escolha e decisão. Porém, quando escolhemos perdoar, a carga começa a ficar menos pesada. O tempo vai passando e, quando nos lembramos da pessoa, a ferida não dói tanto, pois vai cicatrizando. Mas não significa que as lembranças foram excluídas da memória, não! E, também, não significa que devemos voltar a ter o mesmo relacionamento de antes! Houve uma cisão, uma ruptura, ainda que a ferida vá se reduzindo.

Perdoar liberta! É um ato de amor e reflete o amor de Deus. Somente Deus dá a graça do perdão!

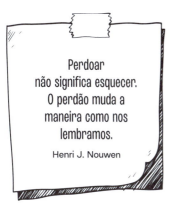

Perdoar não significa esquecer. O perdão muda a maneira como nos lembramos.
Henri J. Nouwen

Desafio do dia:
Reze pela pessoa que fez algum mal a você.

Escreva aqui sua oração:

_____
_____
_____

STATUS: EM ORAÇÃO
PEÇA AJUDA!

Não temas,
pois eu estou contigo,
não fiques pasmo,
pois sou teu Deus.
Is 41,10

Reflexão do dia

A depressão afeta muitas pessoas, inclusive os jovens. Da mesma forma que se cuida da saúde física, é de suma importância cuidar da saúde mental. Se sentirmos que estamos tristes há bastante tempo, sem motivação para fazer atividades que antes nos davam prazer, que não temos mais vontade de levantar da cama, que não encontramos razão para viver, não devemos ter vergonha em procurar ajuda! É importante conversar com alguém de confiança, falar com a família e também buscar ajuda profissional.

É difícil darmos o primeiro passo para reconhecermos que não estamos bem e falarmos com alguém. Contudo, esse é o início da recuperação. Não conseguimos enfrentar a depressão sozinhos. O apoio da família, dos amigos e de pessoas que nos querem bem é fundamental. Permita-se ser ajudado, pois todos querem o melhor para você!

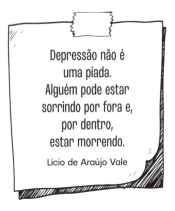

Depressão não é uma piada. Alguém pode estar sorrindo por fora e, por dentro, estar morrendo.

Lício de Araújo Vale

Desafio do dia:

Ofereça apoio a você mesmo ou para alguém que estiver com depressão.

Escreva aqui sua oração:

Quão bom e quão agradável é sentar-se junto aos irmãos.
Sl 133,1

STATUS: EM ORAÇÃO
CONVIVÊNCIA FAMILIAR

Selecione na playlist a música: *Casa de irmãos*. Padre Fábio de Melo. Paulinas/COMEP.

Reflexão do dia

É comum que, na infância, haja briga entre irmãos, por inúmeros motivos. Os pais normalmente são os mediadores desses conflitos, e aproveitam essa oportunidade para ensinar o amor, o respeito, o perdão e a compreensão do outro. Mas, quando esses confrontos estão presentes na vida adulta, muitas vezes é necessário deixar o orgulho de lado para buscar resolver as desavenças, que são geradas por ciúme, personalidades diferentes, mágoas do passado, palavras expressas de maneira equivocada ou algum acontecimento dolorido. A reconciliação exige muita humildade. É importante buscar, por meio do diálogo, reconhecer o erro e conversar sobre o que motivou a briga, para que seja possível reatar a relação.

 Desafio do dia:

Tome a iniciativa de falar com aquele familiar com o qual precisa se reconciliar.

Escreva aqui sua oração:

_____
_____
_____

STATUS: EM ORAÇÃO
DIGA NÃO AO CAOS!

Não vos preocupeis com o amanhã, pois o amanhã se preocupará consigo mesmo!
Mt 6,34

Reflexão do dia

Estudos, relacionamento, família, trabalho e o futuro, quantas responsabilidades e pressões enfrentamos na vida. A mente fica com um turbilhão de pensamentos negativos, o que provoca medo constante e preocupações excessivas. Além daquela sensação de que não conseguiremos equilibrar todas essas demandas, deixando-nos sobrecarregados. Com tantas cobranças, tornamo-nos ansiosos, temos dificuldade para relaxar e dormir, há um aumento da frequência cardíaca e surgem problemas gastrointestinais etc. Existem várias estratégias que podem ajudar-nos a lidar com a ansiedade de forma saudável: respiração profunda, exercício físico, meditação, falar sobre nossos sentimentos com um familiar, amigo ou terapeuta. Também escrever sobre nossas emoções em um caderno, desconectar-nos das redes sociais e estabelecer metas pequenas e realizáveis.

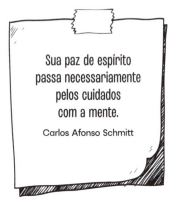

Sua paz de espírito passa necessariamente pelos cuidados com a mente.

Carlos Afonso Schmitt

Desafio do dia:

Desconecte-se das redes sociais no dia de hoje.

Escreva aqui sua oração:

Tudo posso naquele que me fortalece.
Fl 4,13

STATUS: EM ORAÇÃO
FRACASSO NÃO É TÃO RUIM!

Reflexão do dia

O fracasso e as frustrações fazem parte da vida e do amadurecimento humano. Por isso, não se assuste com eles. Deus pode transformar os erros e as falhas em crescimento e amadurecimento espiritual. Todos nós, em algum momento, já falhamos, mas é importante lembrar que o valor do ser humano não é definido pelas falhas que comete.

Muitos de nós já acompanhamos a história de pessoas que se tornaram inspiração para outras por algo que realizaram ou descobriram. Ao nos aprofundar-nos nessas histórias, veremos que muitas dessas pessoas também enfrentaram derrotas ao longo do caminho. Muitos criadores famosos fracassaram antes de chegar ao sucesso. Mas, se tivessem desistido na primeira tentativa, não teriam alcançado o que almejavam.

O fracasso não deve ser temido, mas enfrentado. Dele, sempre vêm grandes aprendizados!

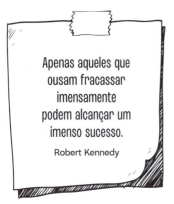

Apenas aqueles que ousam fracassar imensamente podem alcançar um imenso sucesso.

Robert Kennedy

Desafio do dia:

Responda para si mesmo: "O que aprendi com o fracasso?".

Escreva aqui sua oração:

STATUS: EM ORAÇÃO
NÃO DEIXE PARA DEPOIS!

Ele enxugará toda lágrima dos olhos deles, e não haverá mais morte, nem pranto, nem clamor, nem dor haverá mais.
Ap 21,4

Reflexão do dia

A data era 26 de agosto de 2013. Eu morava em Curitiba (PR) e, naquela manhã, estava participando das aulas teóricas na autoescola. O assunto era acidentes de trânsito por falta de direção defensiva. Horas depois, recebi a pior notícia da minha vida, meu amado pai havia falecido no Rio Grande do Sul, vítima de um acidente automobilístico. O mundo pareceu desabar sobre as minhas costas e nada tinha mais sentido.

Alguns meses antes, em visita aos meus familiares, no último dia de férias, ele fez um galeto na churrasqueira para comemorar meu aniversário. Não fazia ideia de que aquela confraternização era uma despedida. Lembro que sentamos um ao lado do outro à mesa. E até hoje sinto o cheiro dele e me recordo das suas palavras e dos seus gestos naquela noite. Se eu soubesse que seria a última vez, teria aproveitado mais. Portanto, devemos aproveitar intensamente cada momento com as pessoas que amamos, como se fosse sempre o último encontro. Um dia será!

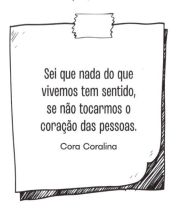

Sei que nada do que vivemos tem sentido, se não tocarmos o coração das pessoas.

Cora Coralina

Desafio do dia:

Telefone para alguém especial e diga que o ama.

Escreva aqui sua oração:

Jovem, alegra-te em tua mocidade, e que teu coração te faça feliz nos dias de tua juventude!
Ecl 11,9

Selecione na playlist a música: *Juventude e vibração*. Jorge Trevisol. Paulinas/COMEP.

Desafio do dia:

Colabore em alguma tarefa de casa.

STATUS: EM ORAÇÃO
LEVANTE DO SOFÁ!

Reflexão do dia

Em uma mensagem dirigida aos jovens, o Papa Francisco os convida a abandonar a vida cômoda e segura do sofá e o sedentarismo, incentivando-os a se engajarem na construção de um mundo melhor e mais justo. Ele afirma que tanto a Igreja quanto a sociedade precisam dos jovens, com seus planos, coragem, sonhos e ideais, para criar um mundo melhor, mais justo, menos cruel e mais humano.

Certa vez, li que a transformação que desejamos no mundo deve começar primeiro dentro de nós mesmos. Ser jovem é ter a capacidade de transformar a realidade, mas, para isso, é preciso arregaçar as mangas e agir! Cada atitude e escolha positiva pode contribuir para a construção de um mundo mais amoroso e cheio de esperança. O amanhã depende do que fazemos hoje.

Escreva aqui sua oração:

_____
_____
_____

STATUS: EM ORAÇÃO
SUA IDENTIDADE EM CRISTO!

Se alguém está em Cristo, é nova criatura.
2Cor 5,17

Reflexão do dia

Vivemos em um mundo cheio de expectativas, padrões e possibilidades, sejam eles bons ou ruins, e é muito fácil nos perdermos. E a sociedade insiste que, para sermos valorizados, precisamos atender às expectativas que ela nos impõe. No entanto, o que muitas vezes não nos é dito é que a nossa verdadeira identidade está em Jesus Cristo. Quando nos conectamos com Cristo, percebemos que não precisamos da aprovação das pessoas para sermos amados e acolhidos.

Somos filhos de Deus e por ele amados imensamente. Ele tem uma missão para nós neste mundo. Ele vê o nosso interior e nos ama para além da nossa aparência e das nossas imperfeições. Ao firmarmos nossa identidade com o Mestre de Nazaré, experimentamos paz, serenidade e uma liberdade interior que o mundo não é capaz de nos oferecer.

Selecione na playlist a música: *Nova criatura*. Frei Luiz Turra. Paulinas/COMEP.

Desafio do dia:

Pergunte-se ao longo do dia: "Jesus é o centro da minha vida?".

Escreva aqui sua oração:

Espera no Senhor!
Sê forte, para que
teu coração resista!
Espera no Senhor!
Sl 27,14

STATUS: EM ORAÇÃO
VIDA DE CABEÇA PARA BAIXO

Reflexão do dia

Viver também significa enfrentar circunstâncias difíceis, momentos em que não conseguimos vislumbrar uma saída para os problemas. Há fatos que surgem em nossa existência que dão a impressão de que nunca vão passar, e chegamos a pensar que a tempestade não terá fim. Tudo parece desmoronar. Em situações de incertezas, nas quais não é possível ver uma saída, sentimo-nos perdidos e até questionamos a presença de Deus.
É exatamente nessas horas que a fé é colocada à prova. Afinal, fé não é ausência de dificuldades, mas confiança em Deus, mesmo quando tudo está de cabeça para baixo e não temos todas as respostas. É nessas horas que somos convidados a dar um passo de fé e a permitir que Deus nos carregue no colo. Ele está conosco em cada momento, fortalecendo-nos, guiando-nos e nos dando ânimo para que possamos continuar. Assim, conseguimos ficar em paz, mesmo em meio aos maiores desafios.

> É a fé que nos dirige através de oceanos turbulentos.
> Mahatma Gandhi

 Desafio do dia:

Diante de alguma situação difícil, pergunte-se: "Estou confiando em Deus?".

Escreva aqui sua oração:

_____
_____
_____

STATUS: EM ORAÇÃO
AME SEM MODERAÇÃO

Amarás teu próximo como a ti mesmo.
Mt 22,39

Reflexão do dia

Jesus mostrou, com o próprio testemunho de vida, o que significa passar por esta terra vivendo pautado pelo amor. E deixou um mandamento simples, mas profundo e difícil: "Ame o próximo como a si mesmo". Esse mandamento nos impulsiona a viver voltados para o próximo e atentos às suas necessidades, respeitando-o e acolhendo-o com misericórdia e compaixão.

O amor vai muito além de um sentimento reservado a um casal de namorados. Amar é uma decisão que exige ação e é uma escolha diária. Mesmo nos momentos difíceis, amar significa sair do comodismo: escutar com atenção a mesma história contada por um avô ou uma avó com Alzheimer, oferecer ajuda para alguém que precisa atravessar a rua, auxiliar os pais quando voltam com as compras do supermercado, ou apoiar seu irmão nas tarefas escolares. O amor se manifesta em gestos concretos do dia a dia.

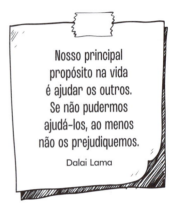

Nosso principal propósito na vida é ajudar os outros. Se não pudermos ajudá-los, ao menos não os prejudiquemos.

Dalai Lama

Desafio do dia:

Escreva em uma nota no celular como você demonstrou amor hoje.

Escreva aqui sua oração:

Para tudo há uma época, e um tempo para todo propósito sob os céus.
Ecl 3,1

Dedicarei dez minutos do meu tempo a uma boa leitura.
São João XXIII

Desafio do dia:
Dedique algum tempo do seu dia para ler um livro do seu interesse.

STATUS: EM ORAÇÃO
O SEGREDO É O EQUILÍBRIO

Reflexão do dia

A vida digital traz muitos benefícios. Por meio dela, temos acesso a várias ferramentas que facilitam o cotidiano, além de uma vasta quantidade de conhecimento sobre os mais variados assuntos. É possível estudar, cursar uma graduação ou uma pós-graduação *on-line*. Podemos também matar a saudade das pessoas queridas, mesmo estando a quilômetros de distância.

Por outro lado, há inúmeros riscos associados à vida digital. O excesso de tempo *on-line* pode afetar negativamente a saúde mental, gerando ansiedade, baixa autoestima e vício em redes sociais. Existem pessoas que têm imensa dificuldade em se desconectar, estando sempre antenadas em tudo, acompanhando todas as notícias e incapazes de ficar sequer um minuto longe do celular.

A chave está em buscar o equilíbrio: estarmos presente com nós mesmos e reconhecermos quando é necessário nos desconectarmos para cuidarmos de nós e da vida real.

Escreva aqui sua oração:

STATUS: EM ORAÇÃO
SEJA LUZ!

 Vós sois a luz do mundo.
Mt 5,14

Reflexão do dia

Minha mãe mora em um sítio e, geralmente, quando há uma chuva forte, ela fica sem luz. Sempre precavida, mantém um maço de velas de reserva. Na última vez em que a visitei, presenciei essa cena. Logo que a energia elétrica acaba, a escuridão toma conta da noite, mas, ao ser acesa uma pequena vela, é impressionante como o ambiente se ilumina.

Da mesma forma, nossa vida cristã, como batizados, é ser luz na escuridão. A nossa presença deve iluminar os espaços por onde passamos. Se contribuímos para a escuridão, é sinal de que algo não vai bem. Somos chamados a ser sal e luz. Nossa vida deve trazer sabor para quem convive conosco, e nossa luz não deve ficar escondida debaixo de uma vasilha, mas ser colocada sobre um pedestal para iluminar.

Que nossa vida seja um reflexo da luz de Cristo Ressuscitado.

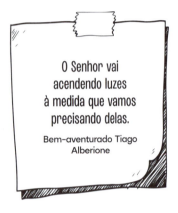

> O Senhor vai acendendo luzes à medida que vamos precisando delas.
>
> Bem-aventurado Tiago Alberione

 Desafio do dia:

Faça um elogio. Reconheça algo positivo em alguém e compartilhe isso com essa pessoa.

Escreva aqui sua oração:

"Vinde atrás de mim, e vos farei pescadores de homens."
Mt 4,19

STATUS: EM ORAÇÃO
PROFISSÃO *VERSUS* VOCAÇÃO

Selecione na playlist a música: *Vocação*. Padre Zezinho, scj. Paulinas/COMEP.

Reflexão do dia

É importante ressaltar que profissão e vocação são coisas distintas, mas que podem se complementar. A profissão está ligada ao mercado de trabalho: são atividades que você estuda, aprende, evolui e nas quais adquire habilidades. É possível ser jornalista, médico, pedreiro, caminhoneiro, professor, engenheiro etc. Profissão é um trabalho com horário definido, que exige compromisso e confere dignidade à pessoa.

Já a vocação é um chamado, algo que sentimos ser um propósito de vida. Por exemplo, ser pai, ser mãe, religioso, padre ou leigo consagrado, catequista etc. A vocação está presente em todos os momentos, 24 horas por dia, 7 dias por semana, ao longo de toda a vida.

Muitas vezes, é possível viver a profissão como uma vocação, transformando-a em missão. Por exemplo, um jornalista, um médico ou qualquer outro profissional que exerce seu ofício com alegria, ética, verdade e profissionalismo transforma seu trabalho em uma missão.

 Desafio do dia:

Anote em um caderno o que você mais gosta de fazer.

Escreva aqui sua oração:

_____
_____
_____

STATUS: EM ORAÇÃO
VAZIO PREENCHIDO

O Senhor é minha força e meu salmo: tornou-se salvação para mim.
Sl 118,14

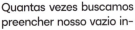

Reflexão do dia

Quantas vezes buscamos preencher nosso vazio interior com coisas que nos dão uma satisfação momentânea. Mas, logo depois que o "efeito" passa, tudo volta ao que era, e os buracos e as insatisfações permanecem. Esses vazios internos só podem ser preenchidos por relacionamentos verdadeiros, amizades genuínas, autoconhecimento e pela nossa relação com Deus. É na conexão com algo mais profundo, que toca nosso coração, que encontramos o real preenchimento: nossos valores e nossa fé. Sem perceber, passamos horas e horas rolando pelas *timelines* das redes sociais, imersos em distrações que, embora projetadas para nos viciar, não trazem uma satisfação duradoura. Muitas vezes, são informações superficiais que nos impedem até de ler um livro ao longo de um ano. Vale a pena refletir: Em que estamos utilizando nosso tempo?

Selecione na playlist a música: *Hoje livre sou.* Rodrigo Pires e Walmir Alencar. Paulinas/COMEP.

Desafio do dia:

Substitua uma distração por uma atividade que contribua para seu crescimento.

Escreva aqui sua oração:

Não faleis mal uns dos outros, irmãos!
Tg 4,11

Selecione na playlist a música: *Amar como Jesus amou.* Padre Zezinho, scj. Paulinas/COMEP.

Desafio do dia:

Se ouvir alguém falando mal de outra pessoa, desvie a conversa de maneira educada.

STATUS: EM ORAÇÃO
ANTES DE FALAR, PENSE!

Reflexão do dia

Antes de espalharmos uma fofoca, deveríamos perguntar-nos: "Se fosse comigo, eu gostaria que estivessem falando de mim pelas costas?". A fofoca gera intrigas, destrói amizades e prejudica as pessoas, seja na comunidade, no trabalho ou entre familiares. Ela é como um veneno que corrói, em vez de construir. Ao invés de edificar, a fofoca se espalha como uma erva daninha, minando a imagem do outro com maldade. Falar mal dos outros para nos sentirmos melhores é um comportamento mesquinho. Afinal, ao difamar alguém, nosso inconsciente está sugerindo que somos melhores do que a pessoa em questão.

Um princípio importante antes de espalhar uma fofoca é questionar: "Isso é verdade?". "Qual o propósito de divulgar isso?", "Por que levar o assunto adiante correndo o risco de prejudicar uma pessoa?" O melhor é guardar para nós mesmos e não deixar que isso se propague. Devemos lembrar que a pessoa envolvida não está presente para se defender. E a regra de ouro se mantém: "Não façamos aos outros o que não gostaríamos que fizessem conosco".

Escreva aqui sua oração:

STATUS: EM ORAÇÃO
DEUS FALA COM VOCÊ!

Recomenda teu caminho ao Senhor: confia nele e ele agirá.
Sl 37,5

Reflexão do dia

O mundo é o lugar onde Deus nos fala. Por meio da natureza, como aquela flor linda que exala um perfume que nenhum cosmético pode imitar, Deus pode estar dizendo o quanto nos ama. Uma pessoa em situação de rua, pedindo um prato de comida, ou alguém solicitando o nosso auxílio para corrigir um texto ou transformar um arquivo de PDF em Word, são convites de Deus para praticarmos a doação ao próximo por meio de um serviço.

Deus é discreto; ele é como uma brisa suave que percorre a rotina da nossa vida, exigindo de nós atenção plena para perceber sua presença. Pode se comunicar conosco de muitas maneiras: em nossa família, na igreja, na faculdade, por meio dos amigos, de algum pensamento ou até de uma doença. Deus é pedagógico, e precisamos exercitar nossa sensibilidade para ouvi-lo.

Cada segundo é tempo para mudar tudo para sempre.

Charles Chaplin

Desafio do dia:

Durante o dia, preste atenção em uma flor, uma árvore ou uma paisagem.

Escreva aqui sua oração:

Os netos são a coroa dos mais velhos, e a glória dos filhos são seus pais.
Pr 17,6

Selecione na playlist a música: *Cantiga por vovó*. Padre Zezinho, scj. Paulinas/COMEP.

Desafio do dia:

Reserve um tempo na semana para visitar seus avós. Se não tem mais avós, visite um idoso.

Escreva aqui sua oração:

STATUS: EM ORAÇÃO
CONEXÃO DE GERAÇÕES

Reflexão do dia

Na minha adolescência, era sagrado dormir na casa dos meus avós maternos. Lembro do aroma e do sabor da comida da minha avó, especialmente do arroz dela, sempre amarelinho, temperado com colorau. Após o almoço, antes de lavar a louça, íamos para o quarto de visitas para tirar um cochilo. Na verdade, não dormíamos; ficávamos conversando sobre diversos assuntos.

Minha avó era analfabeta e aprendeu a escrever o próprio nome apenas na velhice, com a ajuda do meu avô. Embora não soubesse ler ou escrever, ela tinha uma sabedoria profunda, fruto das dores e cruzes da vida. Do quarto, ouvíamos o rádio ligado na sala, onde meu avô descansava, embalado pelas ondas da Rádio Gaúcha. Tenho saudade desse tempo e da graça de ter convivido com eles. Sempre imaginei como seria conviver com meus avós paternos. No entanto, só tenho lembrança de dois momentos com eles, pois faleceram quando eu ainda era criança.

Ter a oportunidade de conviver com os avós é uma graça enorme. Se soubermos aproveitar, temos muito a aprender.

STATUS: EM ORAÇÃO
DESACELERE!

Em verdes pastagens me faz reclinar, para águas em lugares de repouso me conduz.
Sl 23,2

Reflexão do dia

Não fazer nada é tão fundamental quanto fazer alguma coisa. Quantas vezes não nos permitimos descansar, achando que estamos desperdiçando tempo? Descansar e tirar um tempo para relaxar não é um luxo, mas uma necessidade para equilibrar a vida. O autocuidado é essencial para a mente, o corpo e o espírito.

Para alcançarmos uma vida equilibrada, sadia e harmoniosa, precisamos aprender a dedicar tempo ao lazer. Esse ócio criativo contribui para o relaxamento, ajudando a diminuir o estresse diário. Em uma vida agitada, onde somos sobrecarregados de todos os lados, não fazer nada ou dedicar-se a um *hobby* fará bem à nossa saúde. Essa pausa é sempre restauradora.

Se morresse amanhã, quem além de você mesmo notaria?
Joan Chittister

Desafio do dia:

Reserve ao menos 30 minutos do dia para não fazer nada.

Escreva aqui sua oração:

Senhor, lembra-te de tua compaixão e de tua lealdade, porque elas são desde sempre!
Sl 25,6

Selecione na playlist a música: *Deus nos ama com ternura*. Luiza Ricciardi e José Weber. Paulinas/COMEP.

 Desafio do dia:

Faça um gesto de carinho para alguém que precisa.

STATUS: EM ORAÇÃO
ESPALHE TERNURA

 Reflexão do dia

Ao recordarmos a forma de agir do Papa Francisco, seus gestos, seu carinho, sorrisos, os abraços em crianças, jovens, idosos, doentes, e seu olhar atento aos mais vulneráveis e desfavorecidos, vem à mente um pontífice marcado pela ternura. Não podemos esquecer a atenção dedicada a cada pessoa na Praça São Pedro. A impressão que ele nos deixa é de que, naquele momento, não há mais ninguém no mundo, apenas a pessoa à sua frente.

A ternura é uma expressão do amor cristão, e o nosso Papa foi um modelo vivo dessa ternura. Não tenho dúvida de que ele seguiu como um protótipo do Mestre de Nazaré. Jesus era terno, e sua vida inteira refletia essa ternura. Que nós, cristãos, sejamos artesãos dessa ternura, seja no ambiente físico, seja no mundo digital.

Escreva aqui sua oração:

STATUS: EM ORAÇÃO
CUMPRA COM SUA PALAVRA

E fará sair tua justiça como a luz e teu direito como o meio-dia.
Sl 37,6

Reflexão do dia

Meu pai sempre se destacou por uma honestidade visceral, e essa virtude era tão profunda, que, ao longo de sua vida, tornou-se impossível dissociá-la de sua essência. Não tivemos dúvida de que essa qualidade deveria estar inscrita na lápide de seu túmulo: "A fé, a honestidade e o trabalho marcaram a sua trajetória". Ele nunca enganou ninguém, sempre cumprindo com sua palavra. Era um homem íntegro e idôneo, que nos deixou um legado incomparável.

Lembro-me de como me admirava de que meu pai pegasse no sono com facilidade. Sua consciência era tranquila, fruto de uma vida vivida com integridade. Seu exemplo de honestidade não era apenas uma característica do passado, algo pertencente aos nossos pais e avós. Essa virtude permanece relevante e precisa ser vivida por todos nós. Somos chamados a ser honestos com nós mesmos, com Deus e com os outros.

Selecione na playlist a música: *Saudades do meu velho pai.*
Padre Zezinho, scj.
Paulinas/COMEP.

Desafio do dia:

Seja transparente em todas as conversas que tiver hoje.

Escreva aqui sua oração:

Sabemos que tudo coopera para o bem daqueles que amam a Deus.
Rm 8,28

STATUS: EM ORAÇÃO
O MELHOR ESTÁ POR VIR

> A paciência promove uma adequação entre gesto, ação e vontade.
> Romano Guardini

Reflexão do dia

Vivemos em uma sociedade acelerada, onde tudo precisa ser rápido e parece que tem que ser feito "para ontem". No entanto, para nos formarmos, precisamos de nove meses no ventre de nossa mãe, o que nos ensina que tudo requer tempo e faz parte de um processo. Quantas vezes já passamos pela experiência de querer algo no nosso tempo e não conseguir? Então, no momento certo, aquilo chegou até nós, e percebemos que, se tivesse ocorrido como queríamos, não teria sido perfeito.

Deus sabe o que é melhor para nós e age no tempo certo. Se algo que esperamos ainda não aconteceu – seja no trabalho, nos estudos ou nos relacionamentos –, é porque o momento ainda não chegou. Ter paciência não é sinônimo de inércia; é preciso agir, fazer o que deve ser feito, e os frutos serão colhidos no tempo devido.

 Desafio do dia:

Em situações tensas, procure agir com calma e paciência.

Escreva aqui sua oração:

STATUS: EM ORAÇÃO
PRATIQUE A HUMILDADE

Colocou água na bacia e começou a lavar os pés dos discípulos e a enxugá-los com a toalha.
Jo 13,5

Reflexão do dia

Algumas experiências da vida nos ensinam que, por mais que acreditemos que sabemos, sempre há algo novo a aprender. Estamos constantemente nessa dinâmica de ensino e aprendizado, e é essencial estarmos abertos para aprender com tudo e com todos. Existem múltiplas formas de inteligência, o que nos lembra de que não devemos achar-nos melhores ou mais importantes que os outros. Devemos reconhecer nossas qualidades e dons recebidos gratuitamente de Deus, mas isso não nos dá o direito de sermos orgulhosos, pois tudo é graça divina. Isso também não significa que nos devamos diminuir. Precisamos uns dos outros, desde o momento do nascimento até a morte.
Jesus, sendo Deus, lavou os pés dos discípulos para nos mostrar que humildade, despojamento e doação devem ser a verdadeira identidade de todo cristão. Servir é mais nobre que ser servido.

Selecione na playlist a música: *Lava-pés*. Valdeci Farias. Paulinas/COMEP.

Desafio do dia:

Ajude alguém de forma desinteressada.

Escreva aqui sua oração:

Este é o dia em que o Senhor atuou: regozijemo-nos e alegremo-nos nele!
Sl 118,24

STATUS: EM ORAÇÃO
COMO VIVER O HOJE?

Reflexão do dia

Quantas vezes já ouvimos alguém dizer: "Nossa, já estamos na metade do mês! Como os meses estão passando rápido". Na verdade, os meses e as horas do dia permanecem os mesmos. O que acontece é que, muitas vezes, nós vivemos em um ritmo frenético, ocupados com uma infinidade de tarefas a cumprir. Nessa correria, deixamos de viver o hoje: as horas, minutos e segundos de cada dia. Corremos o risco de não perceber a beleza da natureza, a leveza do voo de um pássaro, a perfeição de uma flor ou a oportunidade de ouvir com atenção quem está ao nosso lado. Perdemos a chance de aproveitar o momento presente, permitindo que ele passe sem ser vivido com inteireza e presença.

Assim, a vida passa muito rápido, e acabamos atravessando a existência sem ter de fato vivido de verdade. Por isso, vale a pena desacelerar, respirar profundamente e ouvir os sons que nos cercam – tanto os de fora quanto os de dentro de nós.

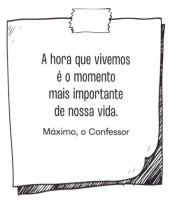

A hora que vivemos é o momento mais importante de nossa vida.

Máximo, o Confessor

Desafio do dia:

Saboreie a comida e faça as refeições deste dia com tranquilidade.

Escreva aqui sua oração:

STATUS: EM ORAÇÃO
DOE SEU TEMPO!

[...] "Toda vez que fizestes isso a um desses meus irmãos menores, a mim o fizestes".
Mt 25,40

Reflexão do dia

Quando colocamos nossos dons e talentos a serviço do próximo, percebemos que os primeiros beneficiados somos nós mesmos. O voluntariado é uma prova concreta disso. É uma verdadeira troca mútua, trazendo benefícios tanto para quem ajuda quanto para quem é ajudado. Ele tem um poder enorme de transformar vidas. Precisamos buscar nos engajar em projetos sociais ou de serviço comunitário, especialmente aqueles que fazem a diferença em causas importantes, como proteção ambiental ou auxílio a comunidades carentes. Até mesmo em nossa comunidade ou bairro podemos encontrar alguma Organização Não Governamental (ONG) que esteja procurando voluntários, ou mesmo em nossa própria comunidade/paróquia. A Pastoral da Criança, por exemplo, faz um trabalho belíssimo de visita às famílias. Estudos indicam que participar de um projeto de voluntariado pode aumentar o bem-estar e a felicidade das pessoas. Há muito por fazer. Vamos participar!

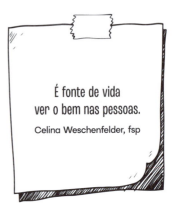

É fonte de vida ver o bem nas pessoas.

Celina Weschenfelder, fsp

Desafio do dia:

Assuma uma atividade de voluntariado.

Escreva aqui sua oração:

Que vos santifiquei e sejais santos, porque eu sou santo!
Lv 11,44

Selecione na playlist a música: *Em santidade*. Walmir Alencar. Paulinas/COMEP.

 Desafio do dia:

Poste em sua rede social uma reflexão sobre a Eucaristia.

STATUS: EM ORAÇÃO

SANTOS DE CALÇA JEANS, TÊNIS E MOLETOM

Reflexão do dia

Encontra-se na internet um texto chamado "Precisamos de santos", atribuído a São João Paulo II, um papa profundamente apaixonado pela juventude. Mas, na verdade, o texto é parafraseado de um dos seus discursos, em que ele afirma que é preciso de santos modernos. Um trecho desse texto diz o seguinte: "Precisamos de santos sem véu ou batina. Precisamos de santos de calças jeans e tênis. Precisamos de santos que vão ao cinema, ouvem música e passeiam com os amigos".

Nos dias atuais, Carlo Acutis reflete essas características. Com sua calça jeans, tênis de marca, moletom e relógio, é um exemplo claro de que é possível viver plenamente as coisas boas do mundo sem ser mundano. Carlo encontrou em Jesus Eucaristia o verdadeiro sentido da sua existência e usou a internet, com sua popularidade e alcance, para fazer o bem e divulgar os milagres eucarísticos.

Bem-aventurado Carlo Acutis, rogai por nós!

Escreva aqui sua oração:

Paulinas

Rua Dona Inácia Uchoa, 62
04110-020 – São Paulo – SP (Brasil)
Tel.: (11) 2125-3500
paulinas.com.br – editora@paulinas.com.br
Telemarketing e SAC: 0800-7010081